# 台灣史上最大罷免

深度專訪×專家剖析×完整時序回顧，
來自現場的聲音與見證

簡端良——主編

## 第三部　如何回首我們的時代



## 附錄

序
# 解說二〇二五台灣大罷免公民運動

蕭新煌

經過約一年的隱忍、不滿和憤怒，約一百二十萬餘台灣公民終於藉由各地公民團體的號召，在二〇二五年二月開始先後集體投入新一波前所未見的「大罷免」公民社會運動。

它是道地公民社會力的展現，因為這波全台大罷免運動的發動者，完全符合民間公民社會組織的三個條件：自由結社、不受國家機器或政黨支配，和有明確企圖改變當下政治力運作的目標。

它是繼一九八〇年代以來，台灣公民社會力圖促進和打造民主，最新一股強而有力挽救台灣新生而脆弱的新民主。因為它沉痛地批判反擊當前立法院在野國民黨和民眾黨立委，聯手破壞國會議事規範、違憲亂紀立法、胡亂刪減國家預算、癱瘓政府和社會民生運作、不顧中共明顯吞併台灣的威脅，刻意凍結、削弱國防預算，甚至屢屢做出集體附和及倒向境外敵對勢力的行徑，完全違反國家利益的種種惡行。它是因應新民主的生存危機而冒起的救台灣民主的運動。

它與過去數十年來已發展過的種種民間公民社會運動的發動主體一脈相傳，因為它們都是由具改革意識的年輕新中產階級分子自動自發集結而產生。與過往比較不同的是，此次大罷免運動跨越城鄉、在地性格的動員相當強烈；而且女性參與的比例比過去更高，可說是一次以年輕女性上班族為參與主體的民主自救運動，絕非所謂社會邊緣人的抗爭行為。

它是一次履行憲法權利、呼應全面改造失序國會，而在各縣市發動的罷免立委草根動員，因為前述所列國民黨立委在立法院所犯的種種失格行為，看在全國公民眼裡就是集體犯錯。在各地簽名提議、連署罷免的公民，即無疑是在實踐民主體制下的人民權利，絕非所謂無聊行徑，或是偏激的民粹主義表現。

這次全國大罷免公民運動所展現的是跨性別、跨年齡、跨地區、跨階級的公民勇氣。他們站出來公開號召和回應罷免連署，打破各地既有存在的政治派系和惡勢力的威脅力量，不可不說是發揮了集體膽識。而這背後也讓我們看到台灣民間的確已累積的成熟民主素養和底蘊。

在這一波大罷免運動當中，更凸顯和展現了在各縣市的民間公民社會關係及其志工的理性態度、冷靜行為和文明修養。面對被罷免立委支持者經常發生的衝動、反制和辱罵，甚至暴力相向，這些志工都修煉出一套文明和容忍的對應守則作為回應。但他們也學會了以存證手段作為法律訴求的憑藉，可說是很有智慧和成熟的作為，而這正是所謂公民社會（Civil Society）應具備有「公民性」或「文明性」（Civility）的倫理和修養。相對地，一些被罷免的立委及其支持者所暴露出來的反彈惡劣行徑，卻多是「反公民性」或「不文明性」。相比下來，人品誰高誰低，一見就知。

這一股新興的草根民主力量及其孕育培養出來的年輕地方領導人物，毫無疑問的將是台灣未來民主發展的新秀。經由此次大罷免運動洗禮和磨練，他們在今後二〇二六地方選舉、二〇二八總統大選，可能都會持續已有的熱度，而再次發揮莫大的潛在影響力量，絕對不容輕忽。

截至目前為止，大罷免運動迄今的成果出乎很多政壇人物和輿論觀察的意料，已有三十一位在野國民黨立委將面對第三階段罷免投票的挑戰。不少論者指出，如果罷免投票結果有過半成功，那應將有另一波的改選。屆時，如果真的又再出現過半政黨輪替的改選結果，那麼台灣國會政治權力生態就會改觀。大罷免運動所追求的終極目標：「還我文明、專業、透明、公益、護台的國會」也就會實現。

序

# 台灣公民意志書寫計畫

## ——以愛為名，書寫當代台灣的公民史詩

簡端良

「身而為人，何謂正確？」二十一世紀的台灣，面對中共軍事威脅步步進逼，這個哲學性的提問，是每一位公民都必須嚴肅面對的課題。台灣公民社會選擇以「大罷免行動」來回應，採取「反抗」的姿態，來彰顯「人」的價值與尊嚴。筆者從中看到了「反抗，故而存在」的精神，幾位大學教師與有理文化決定訪談不同領域的志工，不僅記錄他們的行動，更希望探索行動背後的信念與價值，為台灣大罷免運動留下一部結合實踐與理論的紀實，提供給所有關心台灣未來的讀者。

在這本書裡，我們記錄了幾位你我熟悉的面孔。

她們身為母親，因為無法接受孩子在極權體制下長大而投身罷免。

身為教育工作者，堅持言行一致，才無愧為人師表。

身為軍人，知道唯有保衛疆土，才能不辱肩上勛章。

身為企業家，認知到社會責任不僅止於捐款，更在於守護自由與平等。

身為學生，他明白，真正有價值的知識，是兼具實證性與獨立思辨。

還有病友、宗教修行者、海外僑胞、網紅，甚至是「被認為帶天命的通靈少女」……他們都用自己的方式投入了這場大罷免運動。

我們希望探詢他們在想什麼？為什麼要罷免？在罷免現場看到了什麼？以及所謂的「不枉此生」又是什麼？

這些人物不是英雄，而是如你我一樣，在這塊土地上，平凡生活的彼此。但也正是「每個人」，才能匯聚出這股巨大的能量，在抵禦中共擴張的現實中，為全球民主陣營建立第一道防線。究竟民主體制能否抵擋得住軍事威脅？亦或是在武力與資源的滲透下被動搖？其結果有待歷史檢驗。然而，這場人類史上罕見的大規模社會實驗，正由兩千三百萬人共同書寫。愈來愈多台灣公民站上戰鬥的位置，本書試圖透過十二篇訪談紀錄與信念剖析，讓讀者理解大罷免的行動意義與現場實況。並邀請每一位讀者，在這場世紀運動中，思考什麼是各自「身而為人」的正確選擇。

從十二篇訪談中，我們歸納出一個核心關懷：「為愛而罷」。這份「以愛之名」的行動，本不需繁複詮釋，「誠」字即可概全，但重點從不在於「知」，而在於「行」。《中庸》早已揭示「誠者，天道也；誠之者，人之道」，儒者所言的「爾今爾後，庶幾無愧」，即是此字的展現。孫文亦言「人民的痛苦，是吾人革命的根本動力」，即便是中共推崇的馬克思，也認為唯有在非異化的社會中，「愛」才能回復其本真。這些思想皆源於人誠實面對自身的天性中最根本的情感——不忍人之心。

誠者必「敬天愛人」，其展現在佛弟子的行動上，是「悲智雙運」地建立人間淨土；在民間信仰中，是媽祖與王爺「代天巡狩、驅邪除疫」的義行；在台灣人的血液裡，仍有武士的精神——「忠誠與犧牲」，不外露、不濫情，也默默守護、捨己成全。在基督信仰中，則是秉持恩典「行公義、好憐憫，謙卑的與神同行」。這些文化基因，在大罷免志工的行動中，或多或少地體現著。他們不僅要對立法院的亂象反抗，更要對社會錯亂的價值與虛假反抗，進而反抗違逆人性的專制體制。

本書試圖透過這些行動紀錄，邀請讀者反思內心的那個「誠」字是什麼？又當如何行動？並檢視自身靈魂的根本價值，在當代台灣面對中國軍事與文化滲透的時刻，做出自己「正確的」選擇。

我們撰寫的對象，不以英雄為標的，而是在無數志工中，選定能夠點亮他人公共信念的行動者，雖未全面，然在性別、角色、分工與人格特質等考量下，進行了十二位志工的撰寫，期盼在三階罷免投票前出版，為社會提供更多思考與行動的根據。

編輯群也邀請了兩位學者：台大社會學系何明修教授，與雲林科技大學鄭政秉教授，分別從社會觀察與國際情勢進行深入剖析。此外，更榮幸獲得吳晟、劉芷妤、羅毓嘉等知名作家專文支持。我們相信，本書所蘊含的筆觸與洞察，能與兩千三百萬台灣公民對話，成為一部不只限於作者與編者，更是我們共同書寫的時代記憶。

願本書能和讀者在歷史的進程中，一起摸索台灣人正在尋找的路徑，進而更認識自己，建立獨立的人格；並在歷史翻頁後留下這份民意，一頁由人民書寫的台灣意志。

前言

# 每個故事都需要一個起點

所有的故事都需要一個起點。大罷免的故事，該從何說起？

也許是二〇二五年二月一日。這一天，是中華民國第十一屆立法委員就職滿一年的日子，根據《公職人員選舉罷免法》的規定，可以正式啟動罷免程序的時間。果然，僅僅兩天後，全台各地就有十九個罷免國民黨立委的團體，向中央選舉委員會送出第一波提議書。

不過，連署不會一夕之間完成。這個故事的發展顯然必須再往前一點。時序倒回一年之前。

二〇二四年一月十三日，台灣完成又一次總統大選，賴清德以約四成的得票率當選；同一天，也選出了新一屆的立法委員，國民黨獲得五十二席，高於民進黨五十一席，另外新興勢力台灣民眾黨則獲得了八席，另有兩席無黨籍。那年的二月一日，新科立委正式就職，雖然表面上看起來，是三黨不過半，但是在國民黨與民眾黨實質上攜手聯盟的情況下，台灣進入了朝小野大的政局。

因為這樣的優勢，國民黨與民眾黨開始陸續推動多項法案的修法，格外受到矚目的是《立法院職權行使法》的修法，內容要求總統定期進行國情報告，增加立法院調查權及聽證權、並於《刑法》增訂藐視國會罪。支持者稱之為國會改革，反對者則認為是國會擴權，法案審議過程在在引起爭議。為此，立法院出現了好幾次激烈爭論、乃至於肢體衝突的畫面。

立法院外同樣熱鬧，從五月十七日開始，在街頭集結了愈來愈多關心的群眾，核心發起團體包括了曾經參與「反服貿」的經濟民主連合等公民組織，他們訴求阻止國會濫權法案三讀，呼籲民眾在下班下課後到現場支援。由於事情發生在青島東路，在網路上，人們開始使用字型相近的「青鳥」稱呼這場行動。隨著立法院內持續對峙、情勢逐漸加溫，立法院外人潮沒有散去，反而愈聚愈多，「青鳥行動」一度出現數萬人的規模，隱隱有種要重現二〇一四年太陽花學運前的態勢。

如果這件事只停留於藍綠間的對抗，或許還不會引起如此廣泛的關注。

要理解為什麼那麼多人會走出來，還必須考慮另一個重要的因素——中國因素。

那年四月二十七日，新上任的國民黨立法院黨團總召傅崐萁，率領其餘十六名國民黨立委，在北京人民大會堂的「新疆廳」，與中國全國政協主席王滬寧會晤。會面中，王滬寧再次強調：「堅持九二共識和一個中國，反對台獨分裂活動與外部勢力干預。」

傅崐萁回台之後，開始積極推動擴張立法院權力的法案，讓許多反對的人擔憂，這是否是他們向北京示好的手段，或是利益交換的條件？

這引發了許多人的焦慮，在他們看來，國會擴權形同中共勢力在台的擴張。尤其是在藍白兩黨國會優勢下，上述法案儘管有所衝突，但最終仍是通過。這是簡單的算術問題，只要席次不變，那麼未來藍白可以主導一切的法案，甚至以自身職權修法，讓立法權凌駕於行政權之上。因此，在青鳥行動的活動中，開始有人討論，要阻止國會亂象，不能只是在街頭抗議，而是需要全面性反制，比如說，罷免以傅崐萁為首的「親中」立委。

事實上，當主流媒體目光還集中在青島東路時，在台灣地方上，有些行動就已經開始在醞釀。比如在傅崐萁從北京回來不久，花蓮有群年輕人，就已經組織起來，準備要強力監督傅崐萁在立法院的作為。

不久之後，網路上也出陸續出現要罷免國民黨台北市立委徐巧芯與王鴻薇等人的聲音，各地罷免團體逐漸醞釀和形成。

到了十二月，立法院又因為三大爭議法案起衝突，包括了提高罷免門檻的《公職人員選舉罷免法》，減少中央、增加地方縣市財源分配的《財政收支劃分法》，以及提高大法官評議門檻《憲法訴訟法》，再一次引發「冬季青鳥行動」。而罷免聲浪也開始更為高漲，在活動現場，各地團隊開始收集連署書。顯然，罷免已經不只是個概念，而是成為具體行動了。

到二〇二五年一月，民進黨立法院黨團總召柯建銘甚至召開記者會，公開喊出了「雙罷」主張，宣告一方面要推動罷免立法院國民黨籍的正副院長，另一方面，則要全面罷免四十一位國民黨團中的區域立委（這數字包括兩名無黨籍、但加入國民黨團無黨籍立委的高金素梅與陳超明）。

幾天之後，國民黨不甘示弱，召開記者會，宣告「以罷制罷」，也就是用同樣手段，罷免民進黨立委。

表面上看來，罷免突然上升到了藍綠對決的層次。但實際上，在許多人看來，這不過是又一次的口舌之爭。罷免一名立委已經不容易，更遑論要如柯建銘所言的全面罷免，未免太過不切實際，就連民進黨中央對此也態度保留，稱這是「民間自主行動」，避免成為全面對決的導火線。而聲稱將「以罷制罷」的國民黨是表面強勢，實則動員力不足。

在政論節目中，評論家與政治人物對此調侃不已。根據多份民調，多數民眾對大規模罷免持保留甚至反對態度。然而，半年之後的二〇二五年六月，全台已有三十一位國民黨立委的罷免案完成第二階段連署，超過一百二十萬人參與，罷免行動如滾雪球般擴大，突破原先許多人的想像。

故事的另一面，則是國民黨在過程中之挫敗，截至六月底為止，沒有任何一個綠營立委的罷免案過關。換言之，藍營不但沒人如願反制綠營，反而曝露了國民黨的組織鬆散與動員力不足，而陸續出現的多起偽造連署案，到黨內青年與黨中央的矛盾、地方黨部遭檢方搜索等事件，也讓國民黨顯得尷尬。

一百二十萬的連署書，到底怎麼完成？這個轉折的發生，原因十分複雜、多元，而且充滿了意外。最終的結論，仍有待未來歷史學者的研究。但回頭來看，顯然並非一開始就有「大罷免」這個整體構想，而是不同地區的地方事件、情緒與偶然發展，漸漸交會成一場全國運動。中間經歷過花蓮的國中老師葉春蓮抗議傅崐萁，引發更多共鳴；有企業家曹興誠率領反共志工聯盟遍地動員；有作家李喬高齡領銜苗栗罷免；有文學圈兩百多位作家連署聲援，更有影像導演、插畫家與青年學生群體創作與實地動員，使罷免行動遍地開花。

但還有更多的故事，是主流媒體比較少留意的。比如，在這其中，有一群素人、公民的無名參與者。他們的臉孔和名字未必會出現在新聞，但他們站在夜市、站在學校前、站在教會外，日復一日收集連署書，最後成就了這場台灣近代民主歷史上罕見的公民動員。

這本書的目的，就是希望透過深度訪談、專家剖析，再加上完整的時序回顧，為這一段獨特的歷程留下紀錄。

# 第一部
# 危機爆發

# 從青鳥行動到大罷免

## ——台灣公民運動的再進化

何明修

按照台灣的政治週期，二〇二五年原本應該算是相對平靜的一年，介於二〇二四年的總統／立委選舉與二〇二六年的九合一地方大選之間。然而，即將到來的夏天卻將見證一波前所未有的罷免浪潮，擁有五十二席立委的國民黨面臨巨大危機，有可能喪失其國會最大黨的寶座。截至六月十五日，已有三十一項罷免提案成功收集到法定連署門檻，亦即各選區選民人數的十%。在送件後，選舉主管機關正在進行連署真實性查核，有些選區需要再補件。對在野的國民黨而言，這場大規模罷免運動猶如一場即將襲來的政治海嘯，其三十六位區域立委中，目前只有四席確定不會面臨罷免投票。

這場對國民黨立委的挑戰於二〇二五年一月正式展開，根據法律規定，當選公職一年內不得發起罷免。「大罷免」一詞是民進黨立委柯建銘所先喊出來，在去年選舉結束，他以敏銳的政治預感提到藍白兩黨將會運用其國會優勢，給賴清德政府特意製造難題，因此需要公民社會的力量加以制衡。儘管如此，真正推動大罷免浪潮的力量仍是來自於台灣的公民運動，其根源可追溯至去二〇二四年五、六月的「青鳥行動」。上萬名民眾多次上街，抗議國民黨與民眾黨聯手強行通過一系列具爭議性的法案；其中最有疑義的，即是後來被憲法法院認定違憲的國會擴權法案，以及所謂的「藐視國會罪」。到了年度交關之際，在野黨再度憑藉其國會優勢，強行刪減與凍結預算，明顯為了削弱民進黨政府施政能力，但也因此點燃了罷免行動的怒火。

各地罷免團體是在去年底就已經成立，只是起初外界並不看好其行動會擴散為全國性。許多國民黨立委在選區深耕多年，有人甚至已連任八屆，長期累積的家族政治香火。許多人認為，這些公民發起的罷免行動，最多只能衝擊那些因綠營分裂而僥倖當選者。然而到了三月中旬，已有三十五件罷免案通過第一階段門檻，即取得選區選民一%的連署。在此關鍵時刻，民進黨決定介入，賴清德指示黨籍各級民進黨民意代表協助在地罷免團體。

是否參與，對於民進黨而言都是兩難的決定。一般民眾本來就是期待「當家不鬧事、鬧事不當家」，執政黨介入罷免在野黨立委的行動容易招惹爭議，而且萬一失敗，也勢必引發在野黨的政治復仇。也因此，在美國總統川普突然在四月二日宣布對於全世界徵收所謂的對等關稅之後，台灣股市連番重挫，民進黨原先安排在清明連假的下鄉宣講行動，趕緊臨時取消。另一方面，民進黨如果作壁上觀，選擇不介入，也會引發罷團主事者的不滿，因為他們多半是綠營的重要支持者。其中最著名的即是幾年前由藍轉綠的曹興誠，他很早就呼籲民進黨應該及早進場，也曾大力批評其觀望與被動的心態。

事實上，民進黨與大罷免之間的複雜關係，反映了長期以來台灣公民運動的政治糾葛。就以二〇一四年的太陽花運動為例，在抗議者衝進立法院，展開占領國會行動之前，民進黨對於爭議焦點的服務貿易協議，其實一直不願意明確表態。黨內有一股向來主張調整兩岸政策的聲音，希望能避免「逢中必反」的標籤，減少重返執政的阻力。然而，等到太陽花運動登場，青年學生喊出「退回服貿、重啟談判」的口號，而且明顯取得民意支持，民進黨迅速轉向支持抗議者的訴求，在幕後提供了各種必要的協助。自發的公民運動憑藉其累積的社會能量，進而改變了民進黨的政治議程設定，也同樣發生於進行中的大罷免運動。

從太陽花運動的先例，也有一點可以幫助我們理解大罷免運動的起源。占領國會當然是一種激進的公民不服從行動，但是這樣的體制外參與並不意味著其抗議主事者拒絕採用體制內的管道。事實上，在太陽花運動落幕之後，台灣出現許多青年政治團體、以「第三勢力」為名的新政黨（例如時代力量、基進黨、社會民主黨等）、修憲運動以及「割闌尾」為名的罷免運動。這顯示，大規模的公民運動會造成意想不到的溢出效果，有些能量就直接溢流至既有的制度管道，成為體制內的行動。

二〇一四年的割闌尾計畫也是針對國民黨籍立委，但是由於舊制的高門檻連署規定，最後只有台北市港湖區的蔡正元成案，在二〇一五年二月舉行。儘管贊成罷免票數遠高於反對者，但投票率只有二十五%，並沒有達到必要的選舉人總數二分之一以上，因此宣告失敗。儘管如此，當初割闌尾計畫所選定的目標，後來不是放棄競選連任，就是選戰中敗北，這也是當時的大罷免運動所意外促成的現象。

在二〇一六年政黨輪替後，罷免案的連署與成案門檻下修，使得各陣營紛紛採取這樣的直接民主形式。成功的罷免案包括了高雄市長韓國瑜、桃園市議員王浩宇、立委陳柏惟，而失敗的案列則有立委黃國昌、高雄市議員黃捷、立委林昶佐，藍綠陣營都各有勝敗。一旦罷免政治成為台灣民主的新常態，新一波公民運動採取這樣的體制內管道，也不算是令人意外的發展。

然而，大罷免運動仍是與先前的公民運動有明顯不同。同樣以太陽花運動為例，真正維繫占領國會長達三週之久的力量來自於場外群眾的集結，這使得一直意圖動用警力強制驅離的馬英九政府有所顧忌，擔心重大流血衝突的政治後果。但是要維續持續性的、人數眾多的參與，卻是花費許多心神氣力。糾察隊需要全天候保持警戒，避免有心人士的破壞與挑釁，各項物資的收集與發放，垃圾與資源回收也需要許多人力資源的投入。更重要的，群眾需要有實際參與感，因此，各種街頭民主教室、公民短講、公民審議活動等也需有事先規畫。時間一久，必然師老兵疲，再也無法維繫大規模占領行動，太陽花運動幸運地可以在能量耗盡之前，宣布取得局部成功，安全下莊。

相對於此，大罷免運動是去中心化而分散的，需要在各地收集選民的連署簽名。國民黨區域立委的選區有深藍或是搖擺區、都會與農村、西部與後山、北北基與中南部等諸多明顯差異，各地罷團需要因地制宜，開發出不同形態的動員策略與訴求。舉例而言，在人口密度高的都會區，大型LED行動舞台車是合適的宣傳方式，但是在鄉間，小發財車或甚至是三輪車才是深入社區巷弄之最佳媒介。也為了因應台灣高度流動的人口分布，許多人的居住地與戶籍地不同，罷團特意選定各種交通轉運站，派遣大量志工協助連署。清明與端午連假也是返鄉高峰，這也是爭取外地遊子連署的最佳時機，也因此，罷團志工必得犧牲休假。代收連署書，事後統一寄發至各地罷團，無論是在國內或是海外，也是一種策略創新，試圖降低公民參與的門檻與成本。

群眾定點集結的公民運動可以依靠數量的優勢，使其反對者難以阻擾。

但是分散的連署活動卻時常需要面對具有敵意的攻擊或騷擾，國民黨執政的縣市政府更是祭出各種行政手段，增添大罷免運動之困難。為了因應這樣的困境，各地罷團也研發出各種的反制策略，包括強化志工培訓與法律協助、配戴密錄器等，以排除各種人為的干擾因素。

分享與互助也有助於各地罷團推進其目標，儘管他們針對的對象是不同的國民黨立委。資源優渥的罷團甚至可以舉辦音樂會或是發行社區報，但是處境困難的罷團卻是面臨人手不足、資金匱乏的難題。然而，各地罷團顯然明顯認知共同的目標，因此常有跨區協助的活動。尤其是在人際關係緊密的農村社會，各種人情世故的糾葛阻礙了公民意志的自主表達；在這種情況下，外地人跨縣市參與，協助連署活動，也成為明顯的現象。

總而言之，台灣的民主是來自於積極爭取自由的公民運動，一旦民主花開果熟之後，也催生了各種新穎的公民運動。無論第三階罷免投票的結果為何，光是各地罷團領導者與志工的努力，就已經開創出嶄新的動員形態，使得台灣的公民社會更顯得豐厚與圓潤。

# 大罷免、反共與阻卻中共入侵

鄭政秉

## 國會亂象、青鳥運動與大罷免

二〇二四年大選之後，藍白立委席次壓過民進黨，在傅崐萁及黃國昌的帶領下，國會開始推出一系列不合理的法案。此時最突出的事件是國民黨黨鞭傅崐萁於四月二十六日帶領十七位藍委赴北京晉見中國「全國政協」主席王滬寧。回台後，藍白立委加速推動癱瘓台灣政府運作的法案，包括「三大國會濫權法案」。

藍白強推濫權法案引發社會普遍的危機感。五月中，由賴中強律師領導的「經民連」發起第一場青鳥運動。之後，立法院強推的法案進入表決階段時，又促使五萬以上公民聚集立法院外。但畢竟台派國會力量薄弱，藍白立委聯手，總能強行通過各項偏頗法案，使得公民團體意識到必須透過罷免才能改變國會生態。六月上旬起，「經民連」等團體開始發起對特定藍白立委的罷免行動

第一階段罷免行動於二〇二五年二月一日展開，初始各地罷團多欠缺資源，志工及各地擺桌設攤者都十分稀少，也得不到群眾的支持。此後，除了「經民連」繼續協助串連及支援之外，某些本土派傳媒，例如「年代向錢看」，開始邀請各地素人志工透過電視向全國觀眾訴說感人的罷免故事，各地響應的志願者大增。第一階段罷免到截止日時，共六十四件提案通過審查，其中居然完成三十五位藍委罷免案，因此鼓舞了更多的公民志工加入。

第二階段罷免的聲勢愈來愈旺，截至六月中，共有三十一位藍委成案。此階段連署具有兩特點。第一：更多活躍的公民領袖加入，其中曹興誠最引人注目。此外，「台灣勵志協會」的黃文局也率領團隊聚焦在花蓮傅崐萁的罷免連署上。第二個特點：公民敦促民進黨的在地民代用心推動罷免。某些地方志工一直存在連署拓展不易的困難，但這些罷團藉由加速和台派

的地方人物合作，或者迫使在地民代必須送出一定量的連署份數，才得以成功達到二階的門檻。

## 大罷免、反共與中共入侵

這一次由公民所推動的全國罷免運動後面的驅動力到底是什麼？首先這個運動的形成跟本土政黨一定有關連，但民進黨並非扮演最關鍵時的角色。因為長期掌權延伸的各種問題，使得民進黨似乎已難以再大量吸引中間及年輕選民。事實上，此次各地罷團的主要成員多不是民進黨員。

許多罷免志工都是政治素人，也許有政黨傾向，但並不熱中於政治活動。他們都感受到中共的黑手已從四面八方介入台灣，尤其是中共代理人在國會毫不遮掩的損台作為。這其中有幾位公民成為最鮮明的代表，例如花蓮的「葉霸」葉春蓮老師和「台灣鷹爸」徐柏岳等人，都是因為反共而轉向支持大罷免運動。

罷免就是防止「中共控制國會之戰」。但中共控制國會之戰只是逐漸升級的侵台戰略之一環。讓我們檢視二〇二〇香港被收回之後，習近平逐漸推進的各階段侵台作戰爭方案。[1]

**非傳統三戰及認知戰**：「中共的三戰」包含：輿論戰、心理戰和法律戰，在二〇二〇年後更加大力度推進，由此延伸出排山倒海的認知戰。

**灰色戰A－騷擾、軍演**：大量利用斷交、海警騷擾外島、切斷台灣周邊電纜線、加大統戰攻勢及擴大間諜布陣等灰色戰法；也包括共軍常態越過海峽中線、船艦數量不斷增加、演習規模不斷擴大等軍事手段來恐嚇台灣。

**灰色戰B－掌控國會**：藍白以優勢席次掌控國會，配合習近平及王滬寧等首腦的指示，毫不掩飾地癱瘓台灣政府的運作。

**占領外島**：為實現「不戰而屈人之兵」策略，在兩棲登陸戰之前，先行攻下台灣的離島就可能是選項之一。二〇二五年五月，美國國防情報局已對此發出警告。

**半封鎖戰**：當灰色戰爭行動方案都無效時，中共就有可能進入封鎖戰。半封鎖是指中國可能對特定類型的船隻或貨物，對台灣某些區域或港口實施封鎖（即隔離），這可能包括在海上進行檢查，或要求改道至中國港口。

**全面封鎖戰：**全面封鎖「是最激進的選擇，北京可能透過多種方式來壓制台灣，包括全面實施空中和海上的封鎖，並同時發動具有破壞性的網路跟電子戰攻擊」。[2]

**全面進攻戰：**當以上的戰爭方案均無效，全面攻台將是最後的選項。中共將動用海軍、空軍、火箭軍、太空軍以及陸軍，透過聯合兩棲登陸，全面攻打台灣。

眼見大罷免運動即將粉碎中共的「灰色戰B－掌控國會」，習近平很可能接著會發起半封鎖戰、全面封鎖戰跟全面進攻戰。所以台灣的公民除了把眼光從完全集中在罷免運動上，也要關注到更具破壞力的實質戰爭上。

1　以下參考博明（Matthew Pottinger）著；余宗基，簡妙娟譯。《沸騰的護城河：保衛台灣的緊迫行動》（*The Boiling Moat: Urgent Steps to Defend Taiwan*）。台北：今周刊出版，二〇二五年二月。

2　同註1，頁一四五—一四七、一五八。

## 公民團體是抵禦中共入侵的中流砥柱

美日盟友對中共攻台的警告愈來愈密集，也提醒我們灰色戰固然要全力應付，但當前台灣最大的生存危機是在即將到來的實體戰爭上。可是當我們檢視台灣社會如何面對這場戰爭時，發現台灣的防衛意識及作戰能力都尚未完備。

首先，政府未見積極備戰。面對立即可能爆發的戰爭，我們並沒有看到政府成立類似「戰爭內閣」的組織變革。總統已意識到戰爭危機，但似乎未責成行政團隊全民備戰；事實上，行政團隊仍未見備戰的意識。

其次，軍隊備戰仍不到位。國軍近期的確正在提升訓練和戰備的強度，但如果短期之內戰爭發生，顯然目前的提升仍是嚴重不足的。軍隊是否仍然瀰漫著怯戰的氛圍？這將關係到發生戰爭後是否會發生快速投降的可能？

最後，台灣人民多數仍處在無危機意識或迷惘的狀態。就以占四〇%的台派來說，多數人對即將出現的戰爭危機，不是在狀況外，就是不願意接受這個可能，或只期待美軍來救援。現實派又有財富者，多是想著移民或到時買機票迅速逃離。所以即使以台派人民而言，多數也欠缺堅強的抵抗決心。

事實上，台灣當前瀰漫著投降主義跟失敗主義，因此組成國家防禦阻力的三大核心——政府、軍隊跟人民——都出現了大問題。但這一次大罷免運動驚人地匯集的公民新力量，卻是防禦中共入侵的關鍵。

在大罷免運動中，眾多公民已形成對抗共產黨的意識，但是還未警覺戰爭危險已逼近。面對危機，台灣公民必須儘快展現出「台灣力」——勇敢、不怕死、肯犧牲跟願奉獻的大無畏精神。公民團體一旦能產生集體的堅強防禦決心跟不屈的意志後，才能引導、鼓舞及提醒政府、軍隊跟人民都要積極地備戰。

## 大罷免要阻卻中共的入侵

不論是一階罷免及二階罷免，公民們貢獻卓越。面對未來的三階罷免跟大改選，大罷免運動也必須更努力、更擴大，才可能力挽國會被中共所操控的狀態。

另一方面，公民們雖然在罷免運動中承擔了可能被言語或行動攻擊的危險，但是與眼前的保家衛國相比，未來面對戰爭的困難及傷亡風險將是參與罷免運動的十倍或百倍。在中共侵台戰爭中，將到處烽火連天，會有大量的傷亡，也可能在家人、社區中會遭逢極致的恐怖死亡。這些都是台灣人必須勇敢面對的挑戰。

當戰爭來臨時，有一部分人會急於逃離台灣，但是多數的台派會願意留下來和台灣共存亡。因此公民團體應該要率先認識到台灣的生存危機，把「台灣力」展現出來，即使面對恐怖的戰爭，也能激發出「台灣力」：不怕死、不怕難，願犧牲、肯奉獻的精神。

台灣人必須知道這個戰爭的主體，不是美國人，而是台灣人自己。台灣必須勇敢地承擔戰爭的挑戰。因此罷免的公民團體接下來的最大挑戰是，如何率先形成堅強的抵抗力跟不屈的意志力，並把這股力量從公民群體向外擴散，擴散到政府、軍隊和廣大的人民。這樣我們最終才能守得住我們的家園。

# 第二部
# 行動者們

# 我絕對不要在你面前倒下

## ——「葉霸」葉春蓮老師

採訪・撰稿／潘小雪

## 絕不倒下的骨氣

「我在體育館台下大罵傅崐萁，現場大家都爆炸了。我還沒講完，手都還沒放下，這邊就來兩個人，那邊也來了幾個人，在我後面拉，我就知道我大概就是要被趕出去。我心裡有數，我第一個想到的就是我不要跌倒！我一定不要跌倒！」

葉春蓮老師，花蓮瑞穗人。二〇二五年三月二日，國民黨花蓮縣黨部舉行問政說明會暨植樹節活動，立委傅崐萁與妻子、現任花蓮縣長徐榛蔚也出席，就在傅崐萁進行問政報告時，坐在台下的葉春蓮卻突然發難，嗆聲台上的傅崐萁「通匪」。結果遭到當場架走，現場畫面曝光後引起社會熱議。

「不是說我跌倒會住院，或者是骨折啊什麼的，這個完全不是我擔心的，而是，我絕對不要在你面前倒下！」

葉春蓮在訪問時，這樣回憶起當天的情境與心境。這個場景，也成為此次大罷免運動中最為人所熟知的畫面。

葉春蓮接著說：

「我要是跌倒的話，我說你絕對沒完沒了。我就是那一口氣，我絕對不要在你面前倒下，你想推倒我我就偏不要倒，所以我站三七步，還拉著門環，把重心放低，把身體全部站穩了，大叫『你滾』！

「其實那個狀況發生得很快，你知道嗎，如果你頭腦不是很清楚的人，你根本沒有辦法應付。還好我是運動員，反應很快，很快我馬上就說你不要碰我，然後向後轉。

「人老沒有半點好處，至少就是有這個勇氣，天不怕地不怕。有一個笨瓜在我旁邊，他自己踢到人家的椅子摔下去了，然後我也被推到坐在他身上了，這不算跌倒吧？我就趕快站起來。

「我不是來打架的，我跟隨扈講你不要碰我，整場都聽到，但是他們就抓呀推啊，胳臂勾在我的脖子上。不知道什麼時候，我就變成臉朝入口方向。後來我繼續往前走，是因為我想我自己走進來，也要自己走出去，不是你可以把我怎麼樣的，體育館不是你的體育館，是所有花蓮縣民的體育館。」

## 一生奉獻國中教育

其實那一天，葉春蓮老師不過是按照著生活日常的動線，在花崗山老人館打完乒乓球後，隨意逛到體育館。她看到大量的杜鵑花樹苗放在門外，身為生物老師的她，想要來分幾棵種在花崗國中校園內，忍不住進去體育館內看個究竟，結果看到好多人坐滿體育館，穿著不同顏色的背心分區坐著。

她心想，一看就知道都是動員來的鄉親。她坐在前排，不一會兒，傅崐萁出場，拿著麥克風，一開講就拚命罵政府。坐在台下的葉春蓮愈聽愈不對勁，她對於傅崐萁長期盤踞花蓮政壇、愚弄人民，早已有所不滿，當場更是心中怒火大爆發，終於站起來痛罵傅崐萁「通匪」。沒想到隨即被強行趕出場外，媒體過來採訪，快八十歲的她，面對鏡頭毫不畏懼，繼續大罵傅崐萁：「你叫共產黨統治台灣，我一天都活不下去」、「花蓮變醜了」、「花蓮變臭了」。

「動物的行為有兩種，一種行為是學習行為，另外一種行為叫做本能，本能反射動作就是刺激來的。我那個時候，就是因為你傅崐萁給我的刺激，所以我表現出我的本能的反應，就這麼簡單，就這麼單純。」

葉春蓮的舉動，引起當天各大媒體大幅報導，她面對鏡頭，把花蓮人長期以來不敢講的話都講出來了。其實，傅崐萁在花蓮的勢力盤根錯節，罷免行動一開始外界並不看好，但這一番話激起花蓮人的良心與勇氣，也讓許多觀眾大為震撼，更讓花蓮與全國的大罷免行動，進入另一個層次。

事後，面對媒體詢問，傅崐萁將葉春蓮稱為民進黨的側翼，又說她被派來搗蛋的。但就在同一天，網路上出現了不同的聲音，許多被葉春蓮教過的學生，紛紛站出來回憶這一位嚴格的老師。

我們曾一起在花崗國中教書同事八年，當年葉春蓮在花崗國中都教男生班、生物課，自稱葉爸，因為帶班級很嚴厲，學生就戲稱她叫「葉霸」。她沒有加入任何黨派，是天生的「悍台妹」，台灣意識很強，所以常被外界歸類為親綠，她也沒有要否認什麼，反正就是一副「誰來欺負台灣，我就跟誰死拚」的樣子。

但這位嚴格的老師，卻成為許多學生心中愛戴的對象。因為她對學生總是極為關心。有一次，她的學生騎車摔斷了腿，可能要請假一個月；她說不行，一定要來上課，她在教室靠近門口處放置一張摺合椅，學生可以躺下來聽課，安排同學輪流照顧他，還吩咐每位老師要加強關心。

她的一位學生楊明勳回想有次家庭訪問，家長和學生都恭敬地等待，老師一來，看了客廳一眼，就罵起家長為什麼沒有為孩子準備書桌，你的小孩就整天看電視？說完了她自己就動手，把電視移開，調整餐桌，幾乎把客廳的擺設都改變了，喬出一張桌子椅子，說：「這就是書桌，不可以變回去，下星期我會回來看。」家長一臉不好意思又很感激的樣子。

有一年，葉春蓮得到全國的師鐸獎，電視實況轉播上台領獎，那個時代上電視是一件天大的事。包括我在內的同級同事，晚上從九點守著電視直到快十二點才看到她上台。同事們完全不忌妒，雙手贊成她得這個獎，因為其他人都做不到她那樣。

我發表文章回憶葉老師的點滴之後，短短兩天內就吸引了一萬五千人按讚，近四千個分享。也吸引出更多的經驗分享。

葉春蓮早期的學生一好是太魯閣族人，曾經是創作型歌手、高山嚮導，現在是專業咖啡師。他說：

「我真的被葉老師影響很大，老師學生太多，可能不記得我了。但葉老師很喜歡運動，有次全校班級籃球賽，我們班拿第一名，比賽前，老師請教練教我在體育館一對一運球、練習，練了半年，終於拿到班級冠軍。老師說，頭腦愈好的人打球就愈厲害，對我這原住民學生來說，實在是很大的鼓舞。

「傅崐萁夫妻在花蓮執政太久了，聽到他說他是刑法一百條下的政治犯，我都快昏倒了。我看電視，傅崐萁他們在體育館把老師架走，說真的很想直接衝過去。」

更有人翻出了名為《葉春蓮班級經營理念與實務之研究》的學位論文，論文中寫到：

**葉春蓮過去幫弱勢學生出生活費、班費、營養午餐，甚至去日本的畢業旅行旅費，就為了不要讓學生覺得自己跟同學之間有差異。怕學生心理有壓力，葉老師跟學生說「你以後有能力你再去幫別人，以後老**

師會老，有需要老師一定不客氣地找你。今天老師還有餘錢，多照顧你一個還沒有什麼問題。」「你有困難不是你的過失，也不是誰的過失。」

葉霸終其一生都在花崗國中教書，過著簡樸的生活，退休之後還常回學校，有時候在花園除草，有時也會代課。二〇一八年二月六日，花蓮大地震，葉春蓮居住的大樓被震倒。新聞台報導的第一個鏡頭，是她爬出傾斜大樓的樣子，記者問她：老師妳還要去哪裡？她回答：要去學校！

網路上近乎一面倒地在為葉霸說話，甚至逼得傅崐萁不得不出面致歉。

有人揶揄，傅崐萁整天燒香拜佛，請五教合一保護他，卻擋不住一位近八十歲、不管世事的退休老師。她在日常生活中，無預謀、無目的隨意走逛所發生的意外，竟造成罷免運動如此巨大的轉變。

## 台灣才是最有意義的

講起台灣，葉春蓮說：

「台灣現在真的很自由，你可以自由講話，這個是多麼珍貴的事情，不會講了一句『反攻大陸不可能』就被抓去關。我剛到花崗的時候，在導師辦公室看到一張椅子，後面寫『陳瑞麟』三個字，心想這個人是誰？去哪裡了？後來我才知道這位老師被抓去關了，原來他就是作家陳列。學校裡老師來來去去的，後來那張椅子就沒有了。」

陳列出獄後，持續地寫作，不但曾多次獲得文學獎項，二〇二四年的《殘骸書》，更獲台灣文學金典獎。

談到中國對台灣的威脅利誘，特別是金錢戰術，葉春蓮則說：

「拿那麼多錢要到哪裡去？去中國住嗎？還是移民去美國？其實沒有什麼意義。人的生活的意義跟價值就是我們的土地，我們在這裡成長，習慣這裡的生活方式，生活的內容和意義是每一天累積起來的。你把我放到美國，兩個禮拜後我就想回家了，是的，我就想回家了。我的家在哪裡？

我的家在台灣，台灣對我來講就是最有意義，最有價值的，在自己的土地上，不需要這麼多的金錢，即使會有傷心的事也都痛快。」

花蓮的罷傅行動，最早由一群年輕人組成的「微光花蓮」開始，起初有點辛苦。青鳥在花蓮時來運轉廣場舉辦集會活動，八炯和陳柏源當場掀開上衣，露出防彈背心，大家都感受到這場硬仗難打，承受的壓力很大，一定要撐起長跑的耐力不可。

但是年輕人的熱情不可忽視。五月二號，花蓮的罷免團體送出了三萬兩千多張第二階段的連署書，許多人也為此喜極而泣。

葉霸事件在這其中當然也有著關鍵性的催化作用。事件之後，台灣東社、花蓮重開機、無黨籍議員等團體與個人紛紛加入，各有創意行動。微光花蓮以最務實的陸戰方式，在各鄉鎮設置連署站、咖啡胖卡巡迴，一張一張呼喚連署。台灣東社發言人陳財能一人開著戰車，右手方向盤，左手麥克風，直接廣播，在街頭大聲叫戰，不但在花蓮縣境內，還跑到其他縣市支援，不曾停歇，非常勇猛。花蓮重開機擅長空戰，透過短影音在網路宣傳。花蓮無黨籍議員如張俊登報表示聲援罷傅；楊華美掛起看板，消除負能量等等口號，又造成新的高潮。

葉春蓮老師也沒閒著，她受訪、掃街，保持一貫作風，穩紮穩打。三月二十二日，罷免團體舉辦記者會，葉春蓮也現身說法。她拿著麥克風，開始說起傅崐萁，以病毒為比喻：

「他的危害，非常非常的廣、非常非常的深……等到開始有狀況的時候，我們知道了，可是那時候他所帶來的痛苦，愈來愈嚴重愈來愈可怕。

「我完全沒有想到這個人是通匪、舔共的，因為從小就被教我們就是要反攻大陸，我們是反共的，就算我不是國民黨的，我們還是這樣被教導，等到我畢業到花崗去教孩子也是這樣教他們。

「如果傅崐萁在我班上會得到八個字：『不學無術、胸無點墨』，這種人國民黨推薦他做總召，這樣的總召帶出來的立委，會做出怎樣的質詢？

「這國民黨如果還反共，我還尊重你；可是你連反共都沒有，國民黨就沒有靈魂了。沒有靈魂的人在立法院要主導我們台灣千辛萬苦建立起來的自由民主，誰會甘願！」

# 一門英烈軍人魂

## ——「鷹爸」飛官徐柏岳

採訪／張逸品
撰稿／簡端良

「台灣鷹爸」徐柏岳二〇二五年四月應邀出席「反共護台志工聯盟」發起的護台行動，出席同場活動的還有退役陸軍少將丘衛邦，以及前國防部發言人余宗基。徐柏岳在活動中呼籲，與他相同世代受過黨國教育的五、六年級，要為了孩子和愛挺身而出。國民黨在獲得台灣人餵養七十五年後，竟還有黨天下的思想，更糟蹋這片土地的老百姓。

記者會隔日，徐柏岳被踢出空軍官校校友群組，接踵而至是來自昔時黨內同志鋪天蓋地的抹黑。前國防部發言人余宗基也表示，這次他們有五、六個退將決定站出來，過程受到很多人的勸阻和威脅，明言只要他們出席就踢出群組，但他和退役陸軍少將、現年八十七歲的丘衛邦都認為，軍人應該有大是大非，如今中國對台灣滲透情形很嚴重，退役將領不能獨善其身。徐柏岳則對此表示接受，但他絕對不會回到這種霸凌式的幫派集團。

退役空軍飛官的「台灣鷹爸」徐柏岳一九六九年生於台灣南投名間。中華民國空軍軍官學校八十年班畢業、中華福音神學院聖經碩士。曾經擔任 F-5E 戰鬥機飛行員、ATR-72 型客機機長、柬埔寨巴戎航空新舟 60 型客機機長。因受傷停飛，轉而研究信仰的本質，獲得中華福音神學院聖經碩士學位。二〇〇一年他為了追尋信仰，冒著當時九一一恐怖攻擊事件後的風險，遠赴以色列，在當地向希伯來大學博士班中國留學生及大陸黑工傳福音。

## 中華民國不是專屬哪一黨的

徐柏岳說，「我的啟蒙是因為我會去思考『黨』和『國』的關係。你忠黨不一定就等於愛國，或者說你有時候是愛對方的國。」特別在此刻，台灣不能再把選票投給那些「藍皮紅骨寄生台灣」的立法委員，他們不相信台灣、不認同台灣，一心只想要讓中國共產黨的專制政體奪取台灣。他們對台灣存亡無感且不在乎，他們不滿足現有的金權利益，他們更渴望配合中共消滅台灣，從中獲取個人最大利益。

大罷免不是報復，是清醒。

大罷免不是洩憤，是止血。

大罷免不是挑釁，是自保。
大罷免不是剿匪，是滅共！

他盼望更多五、六年級的軍人與軍眷，像他一樣在黨國教育下長大的父母們，為了孩子與愛挺身而出，一起接住這個責任，罷免舔共立委，裡面有外省第三代及無數出賣自己土地的台奸。民主自由的台灣不是天上掉下來的禮物，我們必須用選票來守護她。

## 台灣與國際民主聯盟的真實關係

鷹爸的兒子剛從美國完成八個月的軍事高級班訓練回來，他是班上總平均九七．六的第二名畢業生。當他詢問：如果台灣遭遇戰爭，你的高級軍官班同學們會願意為台灣而戰嗎？兒子卻嚴肅地糾正他說：「這個問題問錯了。」

他說：「沒有人會願意讓自己的孩子平白無故為他國犧牲。這不是為了台灣犧牲的問題，而是民主價值的聯合防衛行動。」他直指：「你們中了中共與國民黨散播的『疑美論』圈套了。」

美國與其民主聯盟出兵，並非出於人情義理，而是出於四大核心價值：軍事安全、外交穩定、經濟秩序與言論自由。當中國透過小紅書、抖音、戰狼外交與假訊息傾銷入侵這四大價值時，美國勢必出手捍衛。不為台灣，是為了共同的價值戰線。

他進一步指出，若台灣與美國等民主國家共享這四大價值，我們的角色就是「並肩作戰的夥伴」，不是「被拯救的對象」。唯有在此等價值共同體中，我們才能確保他國的支持。而當我們如果內亂、投降、或被統戰滲透，違背民主價值，就會變成美國的敵對勢力，被拋棄也是剛好。

台灣能夠得到國際重視，是因為我們一直堅守民主與自由。一旦這些價值動搖，不僅美國不再協防，台積電、經濟資源與區域安全的整體平衡也將崩解。

回應疑美論在國內引發的焦慮，徐柏岳說，軍人肩負保家衛國的使命，一定會有、也必須要有戒慎之心。至於如何因應，他說，只要記住一點，

「親愛的孩子，記得回家吃飯，當遇到敵機沒有選擇，把它處理掉後回家，你的太太、孩子是你心裡所守望與愛的」。

## 對國民黨一路忠誠到極度失望

徐柏岳強調，他一路看見國民黨的墮落，和其他黨內同志一樣，期許整個黨能夠本著創黨的初心，是有一個愛國心的、健康的運作的政治組織，「所以我們對於國民黨有關改革的訊息，都是很敏銳的。」

國民黨內最先期待的是一九九三年八月十日由趙少康領軍，自中國國民黨的內部團體新國民黨連線脫黨成立的新黨。在新黨人氣快速墜落後，黨員轉而期待於二〇〇〇年三月三十一日成立、由宋楚瑜領導的親民黨，這兩黨皆訴求改革制的中華民國意識，為其核心精神。

接著是韓國瑜的出現，他以一種調皮幽默的姿態活躍於政治舞台，並於二〇一八年代表國民黨參選高雄市市長，在當時迅速累積了高度人氣。徐柏岳提及，韓國瑜這樣的人物形象在國民黨內是少見且具有群眾魅力的。

雖然當時他的政見被評流為口號，真正的內涵尚待觀察，但對老黨員來說，韓流帶來的熱潮確實令人耳目一新。

徐柏岳說，在韓國瑜順利擔任高雄市市長，媒體出現「韓粉出征，寸草不生」的口號，而當時有間知名香蕉煎餅店「廣德家」針對韓粉將原價七十元的香蕉煎餅，推出發大財特價一份一千元，被韓粉謾罵出征，甚至收到死亡威脅一事，讓他對韓流帶來改革的期待，開始興起了疑慮。

他的內在跳出了這樣子的對話：高雄並不是缺一名市長，而是需要一位市民的父親。今天韓國瑜選上了高雄市長，就應該作為市民榜樣，展現大家長的氣度和胸懷；而不是利用韓粉在搞組織派系，作成特定受眾來集體動員。

他們那種幫派勢力的集團的運作方式，坦白講就是用集體控制、集體約制、集體罷凌的概念。談及國民黨某些政治人物的言行，有人提及一種對「權力」的迷戀與崇拜，認為這種人格形成來自黨國體系對個體的養成與賞賜。他指出，某些外省出身的政治人物其實來自相對邊緣的家庭，並非核心階層。這樣的社會位置使他們在黨國文化中長期處於被壓制的位置，只有依附權貴才能取得晉升與權利。當他們一旦嚐到權力的滋味，便容易自大、目中無人、甚至無視人的價值與尊嚴。

## 從軍事成本到政治滲透：國會與中共聯繫的警訊

徐柏岳記得非常清楚，二〇二四年四月二十六日，國民黨在二月取得多數立委席次之後，迅速掌控立法院各個委員會的主導權，而後的一系列行動，令人震驚。他們幾乎把整個國會周圍「外包」出去，這些委員會甚至被通通帶去中國「考察」。這並非私下的事情，是公開的、明目張膽地接受中方安排與指導。

作為一名飛行員，對於每一趟任務的價值有極為清楚的認知。以 F-16 戰機為例，每次起飛平均成本高達台幣七十五萬元。目前共機擾台的飛航路徑都是經過縝密規畫，他們飛越台海中線到達預定的座標即北上沿著中線移動，沿途測試我們空軍的反應，不論是遠程、在空、地面防空雷達以及戰機的反應時間，試圖找出防禦盲點。

這些動作、節點與策略，要在兩週前完成，甚至都必須坐上模擬機親自演練後才會實機飛行。他們的目的不過是要偵測我們防空系統的反應時間與部署漏洞。連一場軍事演練都需要如此縝密的準備，那麼政治滲透呢？台灣的國會，難道不更該有一群具備戰略思維與守土意識的智庫，去擬定抵禦方案？

國內很早就已從袁紅冰老師那裡得知，中南海由王滬寧領銜，一整批人正專門研究台灣的社會與制度弱點。他們並非臨時起意，而是長期經營、計畫性極強的行動。國內相關單位也早有耳聞，有部分台灣立委甚至每天都與中國那邊通訊聯繫，接受來自中共的「指導棋」。

某些媒體不敢報導，但真相是，一旦中共高層下定決心介入，立刻就會有人出手。在這樣的脈絡下，沈伯洋等人之所以全力以赴，不是偶然，而是應對一場早已布局的滲透。

## 猶太思維堅定護台信念　不懼死亡威脅

「恐懼壓迫人，使人自甘為奴；貧窮壓迫靈魂，使人失去尊嚴；利益壓迫忠誠，使人出賣信仰。」

台灣社會現在面臨的正是這三種壓迫的交疊：在經濟焦慮中產生貧窮感，在資訊混亂中製造恐懼感，在統戰布局下用利益誘惑。

他慶幸自己有信仰的支撐，也向來相信：人所做的每一件事，不是向人交差，而是向天上的那位至高者負責。「我只求上帝對我微笑，只怕祂打我的屁股。」但遺憾的是，有些人追求的卻是「習近平的微笑」。當一個人將權力者的歡心當作依歸，背棄了原有的良知與判斷，那麼整個國家也就走向一條不歸路，悲劇也因此一再上演。不是因為我們能力不夠，而是因為我們信仰動搖、價值錯位。當立場可以被恐懼與利益取代，那還有什麼道德底線可以守住？

徐柏岳當年赴美參與總統府祕密外交，協助李登輝總統與國際商人全備福音會的任務結束返台等待退伍期間，徐柏岳前往位於台北市汀州路的中華福音神學院就讀聖經碩士，畢業同年前往以色列耶路撒冷繼續信仰探索之旅。

但他在以色列，「用眼睛想，用心裡看。」這句話深深影響了他，對華人而言，講的是「眼見為憑」，但在以色列，他開始反思：看到的不一定是真相，真相必須透過心靈與理性辨析。

他也把這樣的教養觀投入下一代，兩個孩子最終都考進軍校，也因思維的改變確實能轉化命運。他也自費出版教養書，從企劃、撰稿、設計到發行全程投入，最終登上博客來排行榜冠軍八週，媒體點閱突破千萬，引起熱烈回響。這讓鷹爸深信：華人世界的未來，需要思想的覺醒。

猶太思維在從前帶領他思考「什麼是一個理想的父親角色」？退伍後為了追尋精神的核心，他舉家遷居耶路撒冷，直接參與猶太文化教養法則。返回台灣後，他分享猶太教養原理在華人世界親子關係的實踐，與兩個兒子共同成長。在他投入罷免行動的過程中，猶太思維引領他面對各種荒謬流言，仍能保持心靈上的正向與超然。

他的長子徐以諾已經從美國的精英大學「維吉尼亞軍校」（Virginia

Military Institute, VMI）畢業，次子徐以樂則在美國西點軍校就讀四年制大學，並且在來自美國與全球的頂尖學生當中，擔任物理、數學、體能戰技的示範助教。

在參加記者會之前，他曾透過通訊軟體向分為二十九、三十一歲的兒子詢問，「如果老爸站出來，你們怎麼看？」結果兩個孩子向他表示，軍人職責在守護家園，「爸！我們願意為台灣犧牲」，這讓他相當欣慰。

記者會當天，他站在將軍們之後，最後一位發言，講了三件事：孩子願意為台灣犧牲、黨國思維必須革新、我們要回家吃飯；他最基本的態度就是「反共」。徐柏岳強調，反共對他來說是日常，甚至在民國七十二年入伍時可謂是一種信仰。

徐柏岳提到，他的反共思想歷經三個階段。第一階段是童年時期，那是被灌輸式的反共，像國民黨主導下的小粉紅，看著《梅花》與《八百壯士》的愛國電影落淚，那是一種被教育出來的愛國情感。第二個階段是台灣解嚴步入民主化階段，他發現台灣的民主自由不時受中國大陸恐嚇威脅。第三階段則是他決定公開站出來的那一刻。他認為，一個人在民主自由社會中，不該繼續被霸凌。他決定不再接受任何來自體制的威脅，也不再為了「中立」而沉默。

後來他公開發言，毫無意外地引發一連串風波。很多人開始質疑他的背景，甚至連退伍文件也被拿來做文章。徐柏岳沒有不安，只有不解：他只是因為「反共」就被公審和無端地定罪？昔日空軍官校表現優異的機長和袍澤，一反既往地用一種很殘暴的方式，不由分說，而且急著把你幹掉，「彷彿像是行刑式的槍決」。無論他提供多少證據，他們始終不信。他知道，與其一再回應這些人，不如沉默以對。因為他人的質疑從來不是基於事實，而是出自意識形態的霸凌。

## 以色列留學到航空總經理的公民選擇

徐柏岳去年受邀籌備新設一家航空公司，這個職位是老闆三顧茅廬誠邀而來，看重的是他的教養成果、飛行經歷與專業素養，徐柏岳也在禱告中領受信心，當成上帝給他的使命。他深信：「摩西帶領兩百萬人出埃及，他也沒有當過總經理。」只要心懷信仰，依靠神，就能勝任。

航空公司起步並不容易。從登記資本一百五十萬，到規畫驗資十五億的國內線營運，一步一腳印。所有飛機來源、人員培訓、維修監管、防空保安、票務運務等，皆需編列詳細營運計畫書以供交通部審查。這段過程中，鷹爸始終秉持專業與誠信推動。

然而他四月一日的公開發言，卻也影響到了他的工作。隔幾天，有位長官前來與他會面，和他對話流程猶如統戰的SOP：

第一：我看你這麼聰明，怎麼會做這麼笨的事。

第二：你現在跟媒體認錯都還來得及，我們都會接納。就當作你是被利用，一時不察，誤入歧途。

第三：這樣子做對你到底有什麼好處?你連工作都沒了!

話鋒一轉：

你只要跟著我們，你要什麼好處都有。

由於雙方談話沒有共識，徐柏岳很快被要求簽下了自願離職單。他離職後第一時間跟兒子說：「爸爸主動離職了，接下來會接受訪問，希望為國家及國軍做點事。」在美國西點軍校畢業，正在美國受訓的次子只回了一句話：「無私無我，才能成就無敵。」對他來說，孩子不只是生命的延續，更是他信念與價值的見證。他們之間就如弟兄，父親只是比兒子早出生。當談論失敗或勝負，其實都是在面對各自的天賦與上天的安排。

外界對他兒子的攻擊同樣沒有停止；一位好友私下提醒他，「你兒子臉書上有一些反共的立場，叫他不要po，已經被人家點名了。」他們信箱裡更不時收到充斥詛咒和恐嚇的訊息。徐柏岳泰然地說，生死不是誰說了算！關鍵是倚靠神的心，那位最大的天父的心：依靠我！我必與你同在，我帶著你走。那是有靠山的。

## 華人文化中的「不敢接近天」

他進一步從文化深層反思華人世界對「生命」與「神聖」的理解。他指出，猶太文化中的「神」是與人平行、可以對話的存在，但華人傳統中的「天」，卻是高高在上、不敢冒犯的「爺爺」。這種文化造成一種奴性結構，人們不敢接近天、不敢直接與神明對話，而是由所謂的「天子」代為祭天，進行權力與神意的轉譯。他舉例傳統台灣民間的「做醮」與「殺豬公」習俗，那其實是一種象徵性的血祭，是人為了賺錢與安穩而向天「獻祭」生命，但同時也透過讓豬嘴巴咬著橘子來掩蓋不甘心的死亡，虛偽卻習以為常。

他重新審視華人教育中對階級的制約，與對生命價值的輕視。當一個社會不再尊重生命，而只用死亡與羞辱來達成控制，那麼再怎麼標榜發展或文明，也只是徒具形式。前一陣子某教師在批評文言文、傳統道德教育消失的問題。徐柏岳指出，「禮義廉恥如果沒有愛，那就是最廉價的控告系統。」這一套廉價的道德控訴，是沒有靈魂的。真正的教育應該來自愛，而非控制生出恐懼。

人生的經歷塑造了每個人不同的價值觀與社會敏感度。正是因為過往的親身經歷，無論是性別歧視或是種族壓迫，讓人學會同理他人的痛苦，也建立了自己對社會正義的關懷。

他認為，如果知識分子心中無神，只剩權力與焦慮，這樣的心靈狀態無法承載教育的真正精神。他強調，台灣未來的希望，不在於政治技術，而在於人是否能重拾與「天」的關係，是否能感受到自己是「被愛的」，這就是「互愛」的真理。當人們真正感受到那份來自神、來自愛的力量，他們才會開始拒絕利誘、拒絕妥協、做一個有尊嚴的人。

在整段深刻的省思中，他反覆提及：「你被愛，你就不怕了。」這句話彷彿總結了他的人生與信仰——唯有當人不再被權力與利害綁架，而是真誠面對自己的尊嚴與價值，台灣社會才能迎來真正的改變。

# 化療中的苗栗領銜人

## ——梭巴卓瑪／陳翊綾

採訪・撰稿／簡端良

「書裡的照片可不可以放有頭髮的？」在採訪結束後，Ami 提出這樣一個請求。仍在做化療，頻繁進出醫院的她，被邀請擔任領銜人的時候，她想的不是她的病況能不能負荷，而是有需要就必須承擔。這就像她另一個美麗的名字──「梭巴卓瑪」，在藏文裡是「忍辱負重」的意思。為了拚二階過關，她耗盡全身的力量投入大罷免，雖然最後以九成多的達成率沒過門檻，但客家人這種硬頸精神，堪稱大罷免中最值得書寫的故事。

## 為罷免運動暫緩學業

Ami 是台藝大藝術管理與文化政策研究所的博士生，儘管已通過博士資格考，但她因參與罷免行動與自己身體的狀況，選擇暫緩學業，辦理休學。指導教授雖認為她應把學位完成，但也能理解她的行動。「若一切順利，我希望在罷免後回到自己的研究當中」，「也希望可以把這段公民經驗帶回學術研究裡。」對她而言，博士論文與罷免行動不衝突，在公民參與的實作中，她看見政策與文化治理的真實樣貌，也更加理解藝術與公民社會之間可能展開的對話。

罷免行動是自二〇二四年五月開始醞釀，到了農曆新年前後，重新燃起動能。在那個時間點 Ami 被推舉為領銜人，肩負起整合與組織化的重任。她坦言，一開始的行動較為鬆散，但行動進入第二階段時，Ami 意識到：「我們如果不組織化，就無法支撐這場半年長的戰役」。她提出設立陸戰、空戰、文宣等專職小組，各有分工，並建立彼此的溝通機制與目標聚焦。

為何願意承擔這樣吃重的角色？Ami 說：「我不是素人，參與過三一八太陽花運動，也關注苗栗的地方議題，像反對火葬場、反風車……」也曾進入體制內擔任國會助理，但始終沒有加入任何政黨。她坦言，在被提出擔任領銜人時，還特別請志工先思考是否由素人來承擔，「因為這樣的力量會更強大」。

後來 Ami 接下領銜人，成為讓組織運作的穩定力量。「罷免不是熱血一時，而是組織與耐力的長程賽」，她說：「若我們能透過這場行動鍛造出地方公民社會的實力，那麼不只是罷免，我們也將更有能力迎向未來更多的民主挑戰。」

## 返鄉踏在土地，才意識到苗栗有那麼多問題

Ami是如何回到苗栗投入公共事務的呢?原本碩士畢業後就進飯店工作的Ami，始終很難從中找到意義，某一天她意識到：父母親年紀已大，該是回到成長的土地陪伴家人。這個單純的念頭，意外地開啟了關懷公共議題的道路。

剛開始與父親學習務農，她跟著宜蘭的賴清松大哥學習自然農法，培養起對土地的理解與感情。後來她目睹苗栗的「大埔事件」，劉政鴻粗暴地挖良田，才發現這片土地上藏著這麼多結構性的問題與不公義。從那一刻起，土地不再只是耕作的田地，更是一個必須被守護的資產。

她投入行動，開始認識社會運動者，參與在地議題討論與活動策畫，並與朋友們在苗栗開設了一家名為「竹南咖啡」的小空間，舉辦講座、展覽與討論會，讓各種聲音可以在此交匯，孕育出一個公共參與的據點。自此，她不再只是那個「小資女」，而是逐漸成為這片土地的守護者。這次的大罷免，就是因為看到這些問題，知道必須做些什麼來改變。

苗栗的困境是長年盤根錯節的利益結構所造成的結果。這樣的權力結構很難以找到可以突破的裂縫，而這場罷免雖未成功，卻仍是一場重要戰役。「我們不是沒有努力，而是苗栗這裡，官官相護，你找不到證據、也拿不到證詞，就無從查起。」在這樣的政治現實裡，公民行動就像小蝦米對抗大鯨魚，但她們不會因此而停下來，而會不斷積蓄能量，只為下次更準確地突破與行動，讓苗栗還留下一點希望。

## 屢敗屢戰越挫越勇的苗栗公民

在苗栗這個行政結構保守的地方，公民行動不曾翻轉過，行動是否成功的定義在於：「我能否在『屢敗屢戰』中找到破解的方法？」

她舉例，過去為了保留一所面臨關閉的小學，他們必須從零開始走進社區取得居民的共識：「大家想留下這所學校嗎？」當社區有了共識，下一步是尋找能協助發聲的議員，再去遊說地方政府與教育處。如果地方政府不理會，就得尋求中央的協助，這一連串的行動，就像在「闖關」：「就像一場電動遊戲，一關過不了，就重新設計策略。」

Ami 強調，社會運動從來不是一個人的表演，而是一場團體戰。每一個人都扮演著不同的角色，「不是為了自己升職或加薪，而是為了守住一所學校、一塊土地、一個公共價值。」

她回憶那場對「全東南亞最大火葬場」的抗爭，那是位在苗栗頭份山區的開發案，距國小僅兩百五十公尺之遙，又鄰近加油站。這個規畫極為荒謬，抗爭歷時三年多，但最終仍無法阻止工程動工。「福祿壽殯葬園區」就堂而皇之地落腳於苗栗的生活核心。她說：「我們不是不努力，是根本擋不住那龐大的開發利益。」「那是一塊原本有潛力發展成觀光區與人文環境區的好地方，結果卻變成嫌惡設施！」

屢敗屢戰的動力從何而來？她說：「抗爭不是為了每一次都能獲勝，而是要讓人民逐漸意識到，自己的生活方式不應出讓他人的政治利益。」

## 大罷免是一次非典型的社會運動

Ami說：「以前我們都是為了追求社會正義而走上街頭，但這次反抗的理由更根本，就是因為我們所愛的家人。」正如李喬老師所說：「台灣有難，反抗就是愛！」這句話也成了苗栗罷免團隊的信念。這位耄耋之年的前輩，儘管因身體欠安無法親自現身，仍持續以文字與精神支持著行動，讓人再次理解「反抗」不等於對立，「行動」不只是反制，而是一種源自內心深處的愛與責任。

這場「大罷免」的行動，與過去的社會運動有明顯的不同，呈現一種「非典型」的動員模式。匿名參與的低辨識度社群連結，人們隱身於螢幕後方，暱稱溝通、口罩掩面，也才有國民黨肉搜「阿美」的事件，象徵每個人都是受害者並起而反抗的阿美，這也代表去中心化、集體共擔的精神。

此外，罷免也讓更多人反思：我們是否能容忍與黑道背景有關的人擔任民代？她一位高中輔導老師曾向她說過：「學生吸毒的狀況已經不是個案，相當嚴重」，「我們能接受毒品進入高中嗎？」毒品不會自己走進校園，它是被默許、忽視才滲透進去的，如果民代無法解決苗栗校園的這個現象，那選這種民代要做什麼？

民意代表與「黑、賭、毒」的掛鉤，直接影響著苗栗的未來。我們都看過邱鎮軍在立法院打人、並摔毀麥克風的畫面。還有他妻子掛名開設的「阿帕奇電子遊藝場」，法院文件中載明：該場所曾搜出毒品，並非單純顧客的個人行為，與業者的默許有關。法院合議庭亦指出，這項指控「並非空穴來風」，苗栗不應對「黑、賭、毒」束手無策，這場罷免，就是要讓苗栗回到乾淨政治的起點。

這場罷免運動的「非典型性」，充滿挑戰也蘊含新生的可能，一切都還在進行中，正在為台灣書寫一場新的公民進化史。

## 一場由愛引發的公民運動

苗栗幅員廣大、鄉鎮分散，要發起一場民間罷免行動，絕非易事。但團隊硬是在困難中組織起來。負責實地擺攤連署的「街頭組」報名的志工最多曾達到一百二十人，但實際能穩定出勤的只有約三十人左右。

苗栗縣共有十八個鄉鎮，每一處都需要安排據點與志工支援，這樣的人力規模其壓力可想而知。與台北、新北不同，捷運附近一小時數千人經過，但在苗栗，一整天可見到的人可能還不及台北一個社區的住戶，這凸顯了苗栗團隊所面對的挑戰。

這些志工沒有領薪水，幾乎每個人都還有自己正職的工作，仍抽出時間投入這場罷免運動。大家白天上班，晚上在 LINE 或 Messenger 中協調事務，即便疲累，大家依然自動自發，願意為公共事務多付出一點。Ami 則是在連署期間兼顧著研究工作。這場運動不靠酬勞，只靠一群人「願意多做一點」，雖為兼職志工，卻是最全心的行動者。

而在連署現場的許多孩子並未置身事外，Ami 說「這些小朋友，其實是跟在爸爸媽媽的屁股後長大的，他們其實都知道大人在做什麼」。這群孩子就像海綿一樣，默默吸收了所有資訊，也背負著對未來的希望與焦慮，但他們不是被洗腦的。「那種能體諒媽媽不能帶她過生日，這份體貼怎麼可能是被政治口號洗腦的結果？」

某日，一位志工發現兩位兼具母職的志工正在一旁講電話，一位邊講邊哭，原來，其中一位媽媽原本答應要帶女兒去吃飯，但因為罷免行動任務臨時繁重，只能失約。她在電話中哽咽地向孩子道歉，懊惱地說自己「對不起她」，而孩子在電話那端，似乎只是安靜地聽著，像是在體諒母親的選擇。

另一位母親則因答應忙完志工任務後，準備帶女兒去過生日，但為了罷免的工作，她說：「沒關係！女兒生日以後還可以再過，但如果以後變成中國人，可能連生日都無法開心了。」她的孩子才就讀幼稚園中班，似乎懂得母親為什麼會這麼忙，也懂媽媽為何會說「這不是為了我，是為了妳的將來」。

還有一位志工媽媽的父母，始終不相信中國攻進台灣會有什麼危險，讓她十分無力與悲哀。有天女兒問她：「如果以後中國共產黨侵占台灣，要逃的時候可以一起帶著阿公和阿嬤嗎？」這孩子明年才要升上小學，卻早已知道：媽媽此刻在做的事，是為了她們所愛的地方，與她們的未來。

Ami 提到自己也正在考慮要不要生小孩，她說：「如果我們這一代不努力，會眼睜睜地看著台灣一步步被侵蝕，那下一代該怎麼辦？我們怎能把這個爛攤子丟給他們？」許多媽媽、爸爸，為了孩子的未來義無反顧地站了出來，他們犧牲假日、分秒必爭，只為讓孩子能在一個自由、公平、有尊嚴的土地上長大。

## 不理性的挑釁與暴力攻擊

在苗栗罷免現場，志工們已面對多起不理性的挑釁與攻擊，有夥伴在路邊遇到民眾車速飛快駛過，特地轉頭對他們大罵，有些人開車過來搖下車窗，直接比出中指。在白沙屯媽祖出巡途中，正在做連署時，有民眾直接走過來，開口辱罵：「綠共！綠蟾蜍！」……

還有一些表面看來「理性對話」的人，他們過來用平靜的語氣說：「你告訴我，你們為什麼要罷免？」但等你開口回應，便會發現他根本不是來溝通，而是來鬧場，無止盡地糾纏、干擾、浪費志工的時間，這種「裝理性」其實是另一種精神壓力。

其中有一位阿姨曾說：「如果沒有共產黨，怎麼會有國民黨？」Ami完全無法理解她的邏輯，也不知要如何對話，「若能溝通，他們早就改變了立場；然而他們的目的就是干擾與打擊」。面對這些，她們不與對方爭執，因她們知道不只是在推動罷免，而要捍衛一個健康的民主社會。

Ami說她們將這些場景當成修行的過程，「我們要練習情緒控管，不與挑釁者正面衝突，要把對話引導到合理的邏輯內，也要懂得在必要時沉默與離開」。唯有這樣才能讓罷免運動成功並贏得更多人的信任。

而在苗栗推動罷免的過程中，還有一個始終揮之不去的陰影——那就是「被查水表」的恐懼。Ami說苗栗本身就比較保守，人與人之間講關係，使得許多人不敢政治表態，最常聽到的擔憂是：「如果罷免失敗，我會不會被盯上？」甚至許多人都擔心連署書的資料外洩，即便罷團都鎖在保險櫃裡，並有保全看守。

然而那股壓力仍無處不在，例如，有些支持者刻意避開人多的連署點，不願在熟人常出沒的地方簽，甚至騎車繞一大圈找「沒人會看到」的地方。

有位醫院職員來當志工，還特別要求不要在他的工作圈，因怕被同事或病人家屬認出來，這樣的情形並不少見。「苗栗不是沒有公民意識，而是太多的社會關係綁住了，當地人彼此熟識，若被貼上政治標籤，可能不只是個人，還會牽連家庭與職場。」Ami說她們正是在這樣現實下，一步步地打開局面。

此外，在苗栗的罷免團隊，經常遇到警方把暴力攻擊事件簡化為「精神病患所為」。無論是英國阿美的汽車被砸，還是不明車輛在某連署站附近刻意踩油門燒胎製造恐慌，明顯具挑釁與恐嚇的意味。但報警後，警方的回應總是：「那人可能是吸毒吸到有精神病！」這種簡化的判斷，都可能遮蔽了行為背後的動機與責任。

這種說法對患有精神疾病的人，是一種侮辱與汙名。暴力就是暴力，恐嚇就是恐嚇。若真是精神障礙者涉案，應由醫療與司法判定，而非由警方認定。Ami說「這不只是在卸責，也是歧視」，她質疑警方是否出於怕麻煩、得罪被罷免方，就以「精神疾病」作為免責的說辭？「我們報案，是希望警方依法處理，而不是以偏見誤導的調查過程。」這會傷及真正需要支持的患者與真相。

## 每一份連署都是微光和希望

苗栗二階最終雖未能送出足夠的連署份數，但她們仍去了苗栗選委會，「我們沒有去送件，是去作成果發表」。她們知道即便差臨門一腳，但對苗栗而言，已寫下歷史，這個被認為「不可能」推動公民罷免的地方，從第一階段連署過關開始，就顛覆了許多人的想像，盤根錯節的地方勢力，在這場運動中真正鬆動了。九〇%以上的連署成績，已是近乎奇蹟。

在一次連署行動的現場，志工們遇見了一位年邁的老先生，他是李喬老師的同學，已經九十多歲了。志工協助填寫連署的個人資料時，他忽然說：「我還想再帶一張回去讓我太太簽，因她現在躺在病床不能來，我帶回去給她簽。」他就這樣騎著腳踏車回家去了，過了一段時間，他手中拿著那張他太太填寫的連署書，字跡顫抖、不甚清晰，但卻真誠無比，他不好意思地說：「她手不好使，寫得不太清楚，對不起啊！」我們鄭重地收下那張連署書，感受到的是一對老夫妻對台灣未來的深情守護，他說：「我年紀大了，能做的不多，這是我唯一可以的貢獻。」這對老夫婦都沒放棄台灣了，我們怎能放棄？

而在四月十三日的宣講活動中，有一位來賓悄悄現身，他是章丘台校長，一位畫家，人稱「台灣米勒」。他的到來讓大家非常感動，Ami 忍不住走上前去問：「老師！您是一個人來的嗎？」他笑笑地回答：「對啊對啊！我趕快過來看看你們。」章校長身為藝術家，長期關注社會議題，這次更以行動表達他的立場與支持，那天他連口罩都沒戴，毫不掩飾現身，他現身沒有上台發言，只是用「到場」來表態。這份連署不只是一筆資料，更是一位知識分子的良知與責任的見證。

Ami 說：「我們沒有失敗，我們只是還沒成功。」這片曾被認為無可撼動的地方，已經悄悄種下新的種子，改變不是不可能的。

## 苗栗人正在覺醒

Ami 說二階罷免結束後，公民運動不能隨之畫下句點，她提出具體構想，要設立「民主咖啡館」，大家都成為「民主股東」，一同支持苗栗在地的公民運動。這種「一方有難，八方支援」的精神，也不應止於罷免行動，更應成為日常公民社會的運作默契，她也期待「苗栗騎兵隊」，這些在外地生活的苗栗人，能回鄉協力，不讓這把火熄滅。這次罷免，是苗栗人首次大規模地衝破沉默的城牆，這場過程讓公民開始思考、對話、行動，就是最可貴的成效了。

這次罷團志工來自各行各業，尤其是科學園區的工程師、學校任教的老師、自營業者，他們未必支持民進黨，但有一個共同點，無法接受國民黨親共的立場。他們所代表的是「中間選民」的流動，對他們而言，「反共」不是口號，而是基本信念，這些不可能被動員的人，顯示出台灣中產階級政治覺醒的新樣態。這場運動也許無法在一次罷免中徹底翻轉，但至少看到了地方黑金正被逐步鬆動，這波自下而上的反抗，正在悄然改變這片土地的未來，中產階級不再沉默，「反共」已經成了所有人的共識。

「雖然我們失敗了，但我還是覺得這些辛苦是值得的」，這是一場「非典型的社運」，出現了許多罕見的參與者：家庭主婦主動走上街頭、以為「都很藍」的竹科工程師，這些原本有國民黨背景的人，都加入這場「以民主反制黑金」的運動；也有原本以為的小草，從「沉默」轉向「承擔」，這些轉變正在發生。

更讓人動容的，是一位年近六十的長輩，他是國民黨黨員，擁有三、四十年的黨齡，卻主動來連署，他說：「我反共，但我看不出現在的國民黨還有在反共。」對他而言，如今的國民黨是「自甘墮落」，他們的出現代表了苗栗正在覺醒。

## 公民的挫敗與覺醒，民主絕不能輕言放棄

有志工坦言，自己過去連投票都懶得參加，但這次罷免讓他重新思考民主的意義。這是一次全民的公民教育機會。結果即使未盡人意，但那些走上街頭、參與連署的人，已經邁出了改變的第一步了。

相對而言，有些袖手旁觀的人，仍認為政治與他們無關，但一有不滿便會將矛頭指向政府，卻未思索自己是否有責任。Ami 說：「這是極至的自私」，他們未必無知，只是選擇忽視，只關注自身生活有無被「立即影

響」。但當災難降臨，才會驚覺嚴重性，「不見棺材不掉淚」，但我們沒有那個本錢。因此，即使結果短期無法改變，但公民的判斷與思考養成後，才有可能深化民主。

許多地方創生或宜居計畫，吸引年輕人回流，然而，這股返鄉潮背後，既蘊含希望，也潛藏著現實的矛盾與挑戰。許多年輕人缺乏資源，多仰賴政府補助，這讓他們在實踐理想的過程，也必須與現實妥協。地方政府手握資源，也往往成為收編年輕人的利器。

這並不是苛責，「青年也許並沒失去那份對社會改革的初衷，只是暫時受限於現實」，當大罷免這樣的浪潮出現，更多人站出來，他們或許會重新看見理想的召喚，重新選擇回歸，只要浪還在，地方就有翻轉的可能。

Ami 以一位社運前輩的身分投入這次罷免行動，也誠懇提醒初次參與公民行動的夥伴「莫忘初衷」。無論未來的社會是否能真正長成我們期待的樣子，都不能放棄內在的那份堅持，守住理性、守住理想、守住那份初心，這就是台灣向上提升的保證了。

# 「我不希望你沒有故鄉可以回」

## ——癌末志工散雲

採訪・撰稿／許明珠

## 與癌同行，走上街頭的開始

在埔里的罷免宣講台上，她曾自嘲地說：「我們客家人有時太過溫順，不太習慣出風頭說什麼，但這次，不得不站出來。」一年前，她被診斷為末期癌症，接受一場醫療費用超過三百萬元的手術，主治醫師即使在假日也不缺席地探視，她得到這般「高貴」的醫療照顧，付出的醫療費用竟然不到一萬元。

正因為這段經歷，她深刻體會到台灣健保制度的可貴，以及醫護人員視病如親的醫德。主治醫師聽她說要參與罷免運動，立刻站起身來握住她的手道謝，語重心長地說：「健保真的快撐不下去了，很多人從中國、香港來，透過依親、陸配等方式申請健保，看病、開刀，還把藥帶回去。他們不是台灣人，卻在消耗台灣人的資源。」這番話給了她一個行動的理由，也讓她意識到這個制度面臨的危機。

然而，更早之前，最初深切觸發她參與罷免行動的導火線，是看到郭璽在政論節目中揭露馬文君涉及潛艦案機密外洩，甚至影響到國外工程人員的安危。她說：「這不是黨派之爭，這是國安問題，是出賣我們國家未來的行為。」此外，馬文君更主導刪減大量國防預算，她對此感到極度不滿，第一個想罷免的就是馬文君，第二個則是游顥，因為游顥推動「中配六改四」的政策，有意讓中國配偶更快取得身分，享受國民福利，尤其是健保。「這政策不只是加速他們的入籍，也加速我們資源的流失。台灣這麼地小人稠，能負荷這麼多嗎？

「那天我的兒子從國外回來，問我為什麼要搞罷免，我跟他說，我不希望你沒有故鄉可以回。」兒子沉默了一會兒，接著低聲叮嚀：「那妳要小心身體。」她聽得出其中的不捨與擔憂。她知道，自己即便病後仍需持續服藥與治療，但此時此刻，她認為站出來比什麼都重要。她告訴自己，「若不在這時候行動，以後我們可能連行動的機會都沒有了。」

## 移動或是駐點：往返新竹南投睡貨車

她的參與方式不像一般人想像中的高聲疾呼，而是從最實際、最基層的工作開始。

二〇二五年二月二十六日做完電腦斷層掃描後，儘管醫生們最初對她遠途駕駛有所疑慮，但她仍堅持從新竹開車到南投，加入草屯地區罷免馬文君的志工團隊。

在這之前，自她開刀後半年多的時間，她幾乎處於與外界隔絕的狀態，沒有使用手機、看電視或接觸任何新聞資訊。直到過年期間，她先生在一次從雲林開車回新竹的旅途中，向她提到學生在臉書上對立法院政治亂象的抨擊，才重新引起她對政治議題的關注，也才從電視政論節目中得知詳細狀況，才決定進一步投入志工活動。

她當時甚至完全不知道「青鳥活動」（指反國會擴權青年政治運動）是什麼，因為正處於手術後的休養期，與社會議題完全脫節，直到醫生鼓勵她參與罷免運動，她才重新向外連結。

草屯罷馬團隊有一位名叫 Doris 的主要志工，原本從事美容美甲工作，但自從罷免活動展開後便投入大量時間，甚至放下自己的生意，往返台南、南投，帶領並管理志工團隊，她對 Doris 的付出與領導運籌深感佩服。

剛開始加入時，團隊只有二十三名成員，她編號23，之後迅速擴展至八十多人。在罷免行動的兩個多月裡，她開車往來新竹與南投，為了節省開支與配合體力狀況，她乾脆把家裡的小貨車改成簡易休息空間，椅背放平後躺著休息，旁邊放著可刷牙洗臉的水桶與簡易馬桶，就成為她的臨時「駐點車」。志工夥伴們總是打趣她說：「老師又來睡車上了。」「我不是露營車喔，只是方便小睡一下的貨車而已。」她笑著，傳遞出有志必成的決心。

因為不適合太過操勞的業務，她主要駐守在草屯的罷免據點，負責文書與物資整理，包括連署書、POP看板的書寫與擺放。有一次參與市場掃街，有店家不發一語，只是冷冷地點頭致意，但她知道那已經是對方的極限，「那樣就已經很有禮貌，比我原本想像的凶悍好多了。」在草屯，她感受到某些街區的確立場鮮明，但更多的，是人們默默的接納。

有一次連署站走進一名中年男子，對方穿著西裝，看來像是地方上的知識分子。這位「知識藍」主動表達不少政治觀點，譬如他認為小英執政還OK，但還有哪裡哪裡做不好。她靜靜傾聽不多辯解，最後回了一句話：

「好啦，我同意你（的批評），但是我反共。」語氣並不高昂，但對方卻愣住了。後來他簽下連署書，平靜有點感慨地說：「我藍到底，但我無法接受馬文君。」知識藍男竟然簽下連署書，大大振奮站點志工們的情緒，她的想法是：「大概因為我是動作慢、講話慢、想事情也慢的人，所以我比較不會被嗆，也沒有威脅感。」

## 大罷免一定要在這一次完成

她記得在某次街頭連署時，幾位外地志工剛下車，看起來有些疲憊，她立刻主動上前遞水、安排座位，甚至幫忙安排行李的位置。「大家都第一次見面，但好像認識很久一樣。」她說，罷免運動讓來自各地的人們凝聚在一起，沒有利害關係，反而更能坦然相處。異地宣傳政治訴求，會遇見平常遇不到的人事物，讓她對台灣民心也有更深刻的觀察。

有一位越南來的媽媽，帶著身分證來。因為不會寫中文，只會寫自己的名字，請散雲[3]幫忙填寫資料，最後由她自己簽名，完成連署。新住民對這片土地，也有當仁不讓的情義。

還有一次，晚上有個高中生騎著腳踏車過來，問：「十八歲可以簽嗎？」依法規，十八歲無法參與罷免。對方誠懇但滿臉困惑地說：「為什麼我不能簽？我可以投票不能罷免喔？」她只好無奈笑說：「還沒修法通過，不是我們不讓你簽。」散雲說，你看，這是台灣選罷法的問題，十八歲不能罷免不適任立委，可是中配取得身分證要六年，游顥提案要將它改成四年，是不是更不合理？

她自二月二十六日抵達南投駐點，一路待到六月一日。最後一天她還特別趕去鹿谷支援，即便是臨時設立的鹿谷站點，消息傳得快，有位年邁長者，駕著機車、懷裡抱著一桶墨汁與一支粗大的毛筆前來支持。他跪在地上，將紙箱鋪平，用那支未完全沾濕的大毛筆，寫下「罷免游顥」、「罷免馬文君」，寫完都快站不起來，志工們趕緊上前攙扶。老人家笑說他只有國小畢業，就是喜歡寫字。老人家年紀這麼大，其實心裡很清楚，他說：「我們這一代喔，如果這次沒罷掉，你們下一代就沒機會了。」

那天鹿谷罷免活動，南投團隊連一張像樣的桌子都沒有，很多物資還是彰化第三選區彰三團隊提供的。他們罷免謝衣鳳「缺衣不可」行動，雖未成功，卻延續這股能量支援其他地區罷免行動，被稱為「無恥度的大城五一村掃團」，以掃街戰術見長，動能強大。有一次晚上七、八點她還在駐點總站，突然彰三就丟來一百張連署書，志工們當場拍手叫好。他們不僅量多，還分類得井然有序——一階已簽、二階補簽、新簽全都清楚標示，作業流程完整。

她附和寫字的老人家，說：「大罷免一定要在這一次完成。」她提到自己的政治立場並非一開始就非常鮮明，最初甚至對蔡英文第一任期的轉型正義感到不滿，認為政府並未有效落實相關政策。然而，在香港反送中事件後，她堅定支持蔡英文連任，甚至特別要求兒子也要回國投票，促成二〇二〇年總統大選的八百多萬票勝選。

在這之前她所信奉的「萬佛會」，屬於密宗（唐密），位於新北土城，

3 散雲，Sayuin，泰雅族語，意思是有才華有創意的美女。

由宗聖上師所創立。在二、三十年前，宗聖上師就已推動「台灣國」的概念。當時她因為語言障礙（主要用客語與國語交流，而師父用台語講經）並未深入理解其意涵，只是參與活動而已。直到近期因為關注立法院刪減國防預算及其他不合理法案、政策，她才真正理解台灣建國理念。

不僅如此，她的公公晚年才告知她們夫婦在二二八事件中的經驗。她的公公當年由於不識字且家境窮困，二二八事件發生時曾親眼目睹朋友受害，曾躲避到山上避難。透過公公生前半年所述說的親身經歷，使她們夫婦理解並認識到台灣過去政治歷史的真相，也間接地啟發他們更深刻地認識現實政治情勢。

以上種種見聞累積以及思考，她最終接受台灣本土意識及獨立思想，她強調這是經過自身的觀察和思考，而非簡單地服從宗教或他人的教導；思想的轉變必須經過嚴格的、切身的自我檢驗，才能真正堅定堅持。

## 南投這麼美，不要把它送給共匪

二〇二五年四月二十六日那天，她站在一場宣講台上，朝著在場的教授與聽眾深深一鞠躬。那天，正是她動完腫瘤切割手術正好一週年。她說：「謝謝你們幫我繳了健保費。」那場手術總費用超過三百萬，而她自己，僅僅花了不到一萬元。頻繁進出醫院，甚至一天要刷五次健保卡，卻能接受完整治療，是全體人民的共同付出維持健保制度，讓她好好地活下來。

她過去曾質疑健保改革的時機與動機，懷疑李登輝推動健保是否過於倉促。然而，親身經歷過癌末手術、住院治療與醫護的照料之後，她才深切地理解到，那真的是一種遠見。「制度可能還不完備，但早點開始，就能早點救人。」她現在終於懂得。

讓她特別動容的，不只是醫療技術與資源，還有台灣醫生的人性與良善。主治醫師即便是假日，也會趕來病房巡視；手術前後，他都親自安排，甚至在父親進手術房的前一天，仍不忘幫她辦理出院。拆針時，另一位年輕醫師細心地一顆顆數著金屬釘，輕聲問她痛不痛，舉止謹慎。「那個醫生一百九十幾公分，很年輕又很帥，他真的很溫柔。」她笑著。

正因為有過這樣人性、溫暖的醫療體驗，她無法忍受台灣健保對人民的種種照護、優惠被視為理所當然，甚至被親中立委政治出賣。她說：「台灣健保不能因為被中國人濫用而毀掉。」這是她一次次回到街頭的理由。她參與罷免行動，不只是為了捍衛一個她親身受惠的制度，更是因為以台灣為主的家國意識。台灣這個國家，是一個願意彼此照顧的社會，應該由真正生活在這片土地的人來守護，而民主制度與健保制度，正是這片土地最可貴的共同成果。

若能回到最初的那一天，她自己依然會作出相同的選擇嗎？「會，而且我可能不會像一開始那麼茫然，不知道自己可以做什麼。」她語調淡定卻堅定。從沒參與過政治運動的她，坦言這是她「人生的第一次」，若能重來，她甚至可以貢獻更多。例如在各地物資不足的罷免團隊中，提供協助與後勤支援。她回憶起在新竹駐點時，風大到連簡單的ＰＰ板招牌都會被吹走，還得用水壺、磚塊壓住；而南投的條件相對單純，「Ａ形板兩片板子就可以立起來」這些細節讓她更意識到這次全台大罷免公民運動獨特性。

散雲說，自己從未把「政治」視為生活重心，但這一次，她選擇站出來。從癌末手術的病房，到南投街頭的小貨車，從健保的被照顧者，到民主的守護者，她以身體與意志交織出的願力，回應台灣如今面臨的挑戰。她不能沉默，因為，只要還能行動，就有希望。她說：「南投這麼美，不要把它送給共匪。」

# 被肉搜而更勇敢的直播主

## ——「山除薇害」志工阿美

採訪．撰稿／簡端良

阿美，是網路直播主，亦是「山除薇害」罷免王鴻薇團體的發言人，她化名為「阿美」參與罷免行動，以保護個人隱私與職場的工作。不料二〇二五年三月三日，國民黨立法委員王鴻薇召開記者會，任意公布她的個人資料，包括：本名、上班地點、網路職業及銀行帳戶等，引發社會譁然。阿美隨即勇敢地拿下口罩公開露面，譴責國民黨的行為，此事件引發「我們都是阿美」的社會聲援，提升了大罷免運動的關注度。自此，阿美把這個傷害轉為積極的力量，為大罷免論述。

## 被國民黨肉搜後勇敢脫下口罩

「沐容」這個名字活躍在網路直播平台，另外也有一位戴著口罩以「阿美」的名字擔任志工的人，這兩個角色彼此獨立，直到被國民黨公開身分，兩個名字才被連在一起，「作為幹部，我需要負責招募、管理志工，若始終匿名，難以取得大家的認同與信賴」。網路直播主，可以讓團隊知道「這個人是真的」；但作為發言人，又必須保護個資，避免攻擊與騷擾，因此職場的「沐容」與志工「阿美」是她想區隔開來的。但在身分被揭露後，阿美除了是台北的「山除薇害」的志工外，因有直播經驗，對鏡頭又不害怕，其他罷團會希望她協助，所以撰擇站上台面。畢竟罷免運動本身需要這個角色，「我剛好在那個時間點就承接下來了。」

為什麼要匿名投入罷免？身為直播主，若外界把沐容和罷免行動連結在一起，很難避免「蹭聲量」、「用政治博流量」的質疑，因此沐容對粉絲與公司有區隔的義務。但在王鴻薇惡意地公布了她的個資後，她意識到國民黨想營造她「見不得人」的效果，以削弱大罷免的正當性。

她說：「既然傷害已經造成，那我就不打算白白犧牲！」阿美選擇脫下口罩直球對決，「我本來就不怕面對鏡頭，做直播八年了，對表達、論述，我很有自信，我不會讓你『羞辱』與『汙名』化罷免的正當性。」

「如果我拿下口罩，能讓下一個被攻擊的人更勇敢，那我這麼做就值得了！」當天阿美立刻在社群發一篇聲明，說明整件事情，也針對國民黨所指控的「詐騙」作出澄清：「哪有詐騙犯會主動接受節目邀約、站在媒體前面接受訪談？既然他們選擇攻擊我，我就必須回應，讓公眾知道我是誰」，讓謠言不攻自破，這麼做不只是為自己的清白，更是為了讓行動不被歪曲、汙名。

## 人權意識的萌芽

阿美的人權意識其實很早就萌芽。國小時，班上有個男同學被女生集體欺負、羞辱，被逼到牆角痛哭，她看不下去衝上前制止她們。從那之後，那位男同學就有了自信，那一刻起，她懂得：保護弱勢，不是英勇，而是本能。還有罹患腦性麻痺的高中同學，學習節奏與常人不同，但她總願意主動與他同組、幫忙抄筆記，因為她相信，他們與我們一樣，都是完整的人，不該被差別對待。

這些人生片段，累積成阿美的信念：「我無法接受社會有人的人權被傷害，更無法容忍那些以『言論自由』之名，侮辱、歧視、檢討受害者的聲音」，阿美想繼續努力，爭取一個更公平、更溫柔的社會。對阿美來說，最在意的事始終是「人權」，因自己也曾經是性別的受害者，對於這個社會檢討受害者的現象感到非常憤怒，「我曾經歷性騷、猥褻，最終我選擇站出來對加害者提告，並讓對方判刑入獄，法院也判賠我八十一萬的損害賠償金，對一般性侵案件來說，這已算高額」。

當初她選擇不公開不是因為羞恥，而是因為恐懼，但若整個社會瀰漫著這種恐懼，只會助長加害者更肆無忌憚。因此她必須克服這層恐懼，以自己的受害經驗鼓勵所有受害者，勇敢的指控性侵犯，讓每個人有個安全的生活環境。隨著阿美參與愈來愈多的公共論述，她也意識到自己或許可以做得更多，無論用什麼模式，是透過自媒體經營、參與倡議或有機會走入體制，她都要持續為性別、人權發聲。女性的確在社會承受著更多制度的壓迫，她自己曾經歷體制的冷漠、社會偏見而產生無力感，「但我會讓這個傷痕變成力量」。

## 三一八學運受公民老師啟蒙

二〇一四年太陽花學運時，阿美高中一年級，在學校上公民課時，她發現老師看起來非常疲憊，整堂課精神不振。她主動問老師怎麼了，老師告訴她，前一晚去立法院外聲援靜坐，由於當時正在講憲政體制與立法院職權的單元，她們就請老師說一下為什麼而學運。雖老師沒有鼓勵去做什麼，但她們幾個同學就討論，決定自己動手做一些事，也在三月二十一日幾個同學去立法院撿垃圾、幫忙發物資，就這樣在那待了一天。但回到家後被痛罵了一頓，也因家人的反對與擔憂，就不再前往立法院，但她已隱約感受到，這個社會有些地方不公平，是需要被檢視的。

阿美說：「學校裡像我們這樣的學生不多，但其他同學並不會譏諷或冷眼旁觀，反而會對參與者抱持尊重」，當時社會還沒有被撕裂得那麼嚴重，站出來表達意見並不會被貼上「被民進黨洗腦」這個標籤，對照現在，如果還有一群高中生表達意見，很可能會被同儕視為「被煽動」、「不夠理性」甚至「綠營側翼」。大罷免運動與三一八學運相比，學生比例相對偏低，這或許與太陽花之後，中國用了十年進行認知作戰與滲透的成果，但這也是阿美在大罷免行動中，仍然選擇站出來的重要原因，不是為了對抗誰，而是為了讓仍願意行動的年輕人，知道自己並不孤單。

## 我是誰？我為什麼流淚？

「我從沒想過，自己會在那場紀念活動裡突然淚流不止」，阿美說。在一次自由廣場共生音樂節的活動中，鄭南榕的女兒鄭竹梅站在台上，一一朗讀政治受難者的名字，「我站在台下，原本只是靜靜地聆聽，但眼淚卻不爭氣地掉了下來」。

「我為什麼會哭？」阿美問自己：「我來自外省家庭，外公是哈爾濱人，隨著國民黨來到台灣，從小生活都很『中國』，身邊的人很怕失去對中國歷史的理解，對二二八就只是一筆帶過，但我似乎開始感覺到『轉型正義』的重要了」，阿美說那是在二〇二三年二二八的紀念活動，她才意識到台灣原來有那麼多人為了追求民主、自由、人權，承受了這些苦難，那時她開始反思自己的認同，她想跳出舊的框架，重新理解這塊土地的歷史，「我真的希望我能在台灣轉型正義的路上，盡一份小小心力，讓社會都願意傾聽、理解與傳遞真相」。

阿美說自己從小不喜歡歷史，直到開始接觸真正與自己有關的歷史，她才明白，自己不是討厭歷史，而是不願出讓歷史認同，那種被剝奪的認同是她不能接受的，因她在教科書裡找不到自己在哪裡。直到看了《尋找湯德章》那部電影，才深深觸動了她，那不只是湯德章的故事，而是看見整個台灣人的命運：「我們到底是誰？是中國人？是台灣人？」上一代在問：「我們是日本人還是中國人？」這一代卻還在問同樣的問題！

這個追問，在高雄歷史博物館那次的追思活動變得更清晰，「那天我剛好碰到現場正在進行受難者的唱名槍決，他們一個名字接一個名字喊，他們被消音、被上銬……喇叭裡傳出的聲音，迴盪在舊監獄的牆壁上，我跟著他們繞著館區走，一邊聽、一邊哭，我心裡一直想問：他們要被帶去哪裡了？是被帶去槍決嗎？」這時讓阿美更意識到「轉型正義」的意義，不只是要揭開歷史的傷口，而是要讓這些名字重新被記得。

沒想到就在場活動的幾天後，阿美的個資就被公開了。這個原本理應支持國民黨的年輕人，卻成為了國民黨眼中的敵人。

## 大罷免是找回身而為人的尊嚴

「我深信，人性對自由與尊嚴的渴望，是推動轉型正義的根本動力」，只要人們還願意承認自己是人，就必然會朝這個的方向走，而那些選擇遺忘、扭曲歷史、否定加害事實的政黨或個人，其實也是放棄自己作為「人」的尊嚴。阿美說：「我最不能接受的，就是我們的國旗與國歌，都是異鄉的符號，我從小在外省家庭長大，卻無法對中國產生認同，但教育卻灌輸我們中華民國的史觀，台灣原住民呢？在地的記憶呢？白色恐怖受難者的故事呢？都不見了！」

那個缺口不是小事，因為它直接影響到自我認同。在學校唱國歌時，幾乎沒想開口唱，那不是反抗，而是一種斷裂，那裡聽不到自己的故事，如何感動？「我希望用自己的方式，讓更多人認識這段被遮蔽的歷史，只要能夠讓受難者的名字被記得、讓社會不再麻木，我就覺得值得」。

這次的大罷免運動，對阿美而言是這個行動的延伸，表面上是對某個立委的不信任投票，但罷免背後蘊含的是對程序正義、公平分配與台灣主體性的渴望。當他們刪減本土文化的預算時，我們看見的不只是財政數字的消失，而是歷史記憶與文化傳承將再次被消音，但阿美相信「人是可以被感動、被感染」的，只要有一個人由此開始思考，她就願意繼續發聲。

這場罷免行動，不只是針對立委，更是全民對「公民」的重新理解與意識。阿美仍忘不了，有次在計程車上，沒戴耳機，看八炯的影片，結果司機主動開口問：「妳是那個阿美哦？」她點頭，司機忽然沉默不語，她以為司機不高興了，沒想到司機暗自流下眼淚說：「沒想到國民黨會墮落成今天這種樣子！」司機說他以前都亂投票，讓一個政黨這樣亂搞，他語帶哽咽地說：「我們很對不起你們！」「因為我們都不關心政治，才會讓國民黨墮落成這樣！」

她說她也看到很多過去因討厭民進黨，而習慣性投票給國民黨的長輩們，開始願意反思，並嘗試理解更複雜的政治脈絡，他們的立場也許不會立刻改變，但願意傾聽這就是進步了，這樣的改變不再是個人的覺醒，而是公民素養的進化。

## 台灣不是鬼島

有人喜歡唱衰：「台灣是鬼島！」說它又破又爛沒有未來，阿美說：「我承認台灣有很多地方值得改善；但為什麼要如此羞辱自己的家？」也許「船破了」，但不要忘記「船破了，我們得補起來！」她們身體力行，也邀請其他人一起修補。但船上總有另一群人，坐在甲板上喝著咖啡，享受片刻的寧靜與自以為的安全，他們漠不關心，不願相信有個破洞，甚至懷疑這些補洞的人是來鬧事的。

更諷刺的是，有一群本就該維修船體的專業人員，他們穿著制服、拿著電鑽卻不是在補船，而是把洞挖得更大鑽得更深，也許他們為自身利益，早準備跳船。我們不該像他們一樣，拿著擴音器大喊：「這裡沒救了，快跳船吧！」我們的回應是：「不！我們不跳！我們會留下修好這艘船，台灣不是鬼島，而是值得我們一同守護的美麗之島」。

阿美比喻，台灣正在起造自己的房子，最早投入的志工就像是建築師，他們畫出了藍圖，規畫了願景，他們用行動、思想與願力勾勒出「台灣未來」的藍圖。接著，第一階段投入罷免的志工與連署民眾，就像基礎工程人員，他們打地基，鋪好未來公共討論的土壤；到了第二階段的連署，加入的人像是舞台設計師，搭建出一個讓全民能夠看清現實、表達聲音的舞台，他們架設鎂光燈、擺上道具，讓這場民主的戲場準備登場。到第三階段，投票日的那一刻，舞台已經搭好，燈光也亮起，這時，每個有投票權的人，不再是觀眾，也不是旁觀者，而是這齣民主劇場的主角。因為眾志成城，才能完成這棟民主大樓。

## 罷免現場最美的景致

阿美認為其他地區也許女性稍多，但「山除薇害」男女志工並沒有顯著差異，若真要問這現象背後的原因，她認為或許女性多少都有被性騷擾或不平等對待的經驗，壓迫她們意識到體制與自身的連動性，也進而讓她們更傾向參與。此外母性本具有保護的天性，許多媽媽真的是出於對下一代的憂慮而投入行動，這顯示女性天生的愛，是可從家庭走向公共場域的社會關懷。女性也相對採取溫和不對立的方式推動議題，相較於男性社會參與的方式，女性志工也展現出更具包容與連結的組織能力。

在街頭擺攤時，女性志工面臨的騷擾與攻擊遠高於男性，許多男性就主動扮演保護的角色，形成一種有默契的性別分工：女性主導溝通與倡議，男性負責街頭的防衛與支援。這次的罷免行動，為什麼會出現這樣的分工模式，也許是值得研究的議題。

阿美說，現場始終有一個讓她覺得這是最美的畫面，就是一位年輕的母親，懷裡抱著嬰兒，站在罷免現場耐心教導另一位民眾如何填寫連署書，而這位民眾也抱著自己的孩子來到現場簽連署。這母親與嬰兒的畫面，不只是可愛與感人，而是一種象徵：象徵著這場運動的真正力量，不在於激情的口號，而在於無數默默投入、願意為未來承擔的個體，尤其是那些過去最常被忽視的女性身影。

此外，在罷免連署的現場，有一位特別讓人動容的志工，是一位行動不便的腦瘤患者，身體狀況並不允許他長時間站立，有時必須仰賴輪椅代步，但只要身體還可以，他就會親自前來舉牌。

他會告訴民眾，他這一條命是台灣的健保救回來的，若不是台灣的健保，他根本負不起這麼昂貴的醫療費用，更不可能有機會活下來。他也相信有許多像他這樣的病患，是因為健保而得以存活，如此，他無法接受那些想要鬆動台灣健保、讓社會走向私有化，或削減預算的國民黨。他不只是在街頭，甚至在醫院，也會告訴病房的人：「我們要珍惜台灣的健保制度，我們要保護這個社會的基礎安全網。」

## 參與罷免不只是義務或情操，更是一種療癒

許多人會說罷免是義務，但阿美認為不只是義務或情操，更是「自我的療癒」，當整個社會彌漫著焦慮，又感受到無力時，行動就成為一種「療癒」的方式。有位志工坦言，自己原本就有創傷經驗與長期焦慮而陷入心理困頓，生理出現抖動、失眠等反應。直到他擔任志工，將焦慮轉化為具體行動，才開始感受到症狀的緩解，重新將自己和這片土地建立連結。

阿美說：「我也是，不是為了什麼，而是我需要做點什麼，讓自己好

過一點。」當你站在路邊，發現有那麼多人與你一起奮戰，而顯得不孤獨，就被療癒到了。整個過程身體很疲累，但心靈是富足的，阿美說：「這是我人生中最富足的時刻，即便家人未必認同我的選擇，但我很清楚自己在做什麼。」

「我覺得台灣真的很美！」阿美這樣說，只是有太多人被迫戴上有色的眼鏡、被蓋上一層布，看不見這片土地的珍貴與光芒，甚至有一股特別的勢力，不希望我們發現自己的國家是那麼值得驕傲。她希望罷免運動能成為一場集體療癒的開始，讓每個人重新問一次：「我是誰？我從哪裡來？我願意為什麼而站出來？」

她提醒：「如果我們真正關心台灣，就不會對藍白如此侵蝕立院感到麻木。」她強調，唯有認清自己是誰，才知道什麼值得捍衛，什麼可以包容，什麼應該拒絕。她誠摯希望：「透過這次罷免運動，能有更多人意識到，我們需要一起參與這場集體療癒的行動。我們要療癒傷口，也要尋找答案。我們是誰？我們能做什麼？這不只是政治問題，更是這塊土地上，每個人的存在課題。」

# 罷免是愛，不是仇恨

## ——南投罷團志工阿美

採訪．撰稿／許明珠

## 從路易莎事件說起

二〇二五年二月三日，一場原本平靜的公民連署行動，在南投埔里掀起了不小波瀾。當天下午，罷免馬文君一階連署書送達中選會過後不久，「All罷馬」志工團隊照常在路易莎咖啡埔里酒廠門市外的公共空間，低調收件——志工們消費後入座，無插旗、無宣講，未張貼或穿著任何標誌，被動等待民眾來探問。志工們遵守店家規範，並未干擾營運，然而酒廠幹部出面關切，要求罷團離開：「馬文君如果來跟我們問，我要怎麼去答覆」、「很困擾」，顯示其背後可能承受政治壓力。隔天，該門市張貼公告「嚴禁從事任何政治活動」，並撤除戶外座位，引發社會廣泛討論。

事件在網路上迅速延燒。支持者認為店家有其自主經營空間的權利，批評者則質疑店方是否受到外部政治壓力。「All罷馬」團隊發表聲明，說明行動屬於公民自發，並無政黨介入，且該活動已持續十天，店方從未提出異議。此事顯然遭到外界扭曲放大，導致罷免行動被指為干擾營運，然而並非事實。

當時與酒廠幹部對話的就是阿美，事後她曾在自己的臉書發文澄清。阿美說她當下理性回應廠方，表明願意對話但不接受不當驅離的立場。事件曝光後，她感受到不小壓力，承受來自親友的不安與質疑。這是她人生第一次被貼上政治標籤，也是第一次經歷網路輿論壓力。當時若直接離開就能避免風波，但她仍堅持自己的信念，並強調自己參與罷免行動，不帶一點仇恨，只是想清楚說明立場，心中坦然。

她從這場風波中逐漸釐清參與公共事務的初衷。她認為，社會本就存在不同聲音，唯有更多人願意發聲、對話，民主社會的根基才能更穩固：「我們不是為了對抗誰，而是希望讓更多人看見公共議題的重要，促進更多人的參與。」這起事件不僅是一次地方罷免行動的插曲，也牽動著社會對於言論自由與公共空間界線的省思。

## 想了一千次要不要拿下口罩

談到路易莎事件，阿美語帶驚訝地表示，自己才剛加入罷免團體十幾天，沒想到就成為事件中心。雖然當時身分沒有曝光，隨著罷免活動緊鑼密鼓，不得不多加宣傳，終而也必須問自己：「我要不要拿下口罩？」

二〇二四年十二月十八至二十日，公民團體為阻擋中國國民黨與台灣民眾黨通過《公職人員選舉罷免法》、《憲法訴訟法》及《財政收支劃分法》三法案的修正案，發起青鳥行動，號召民眾抗議，民憤浪潮激越，繼而掀起全台大罷免狂濤。馬文君作為立法委員，涉嫌洩露潛艦機密、不肯簽署保密切結書、大刪國防經費等，這種種作為，觸發阿美家國危急的警鈴，毅然加入罷團。

阿美是在二〇二五年一月二十四日透過一個 Google Meet 群組首次參加罷免行動的線上討論，當時群組僅有七、八人，討論如何進行後續連署與動員。那時，罷團已經運作了一小段時間，開始有主視覺設計、實體小蜜蜂等行動。當時不僅馬文君並未將他們放在眼裡，就連罷團自己都沒信心能夠達標。

起初，阿美只是「想幫一點小忙」，站在連署攤位協助資料整理或簡單回應詢問，她並未預期長時間投入。白天工作、晚上照顧家庭，利用下班後與假日的時間參與罷免連署，罷免一階沒過，就回歸原來日常，沒想到從「幫忙」變成「參與」。

二〇二五年三月三十日，週日下午，由於南投是艱困地區，罷團特地舉辦「游頭馬面歡送會」，反共戰士八炯、立委 PUMA 沈伯洋、政治評論名嘴張益瞻也有到場。阿美以志工身分宣講，那時剛發生台北阿美被肉搜的事件，她面臨可能遭受網路輿論攻擊的壓力，親友也建議她遮掩身分保護自己和孩子。然而，在上台前的最後一刻，她還是選擇拿下口罩，她說：「我心裡想了一千次要不要拿下口罩。但是，如果我因為恐懼而必須戴著口罩，我也沒辦法說服別人不要害怕。」台下響起熱烈的掌聲。這舉動呈現了她如何在猶豫與恐懼中，選擇挺身而出、堅守信念。真實的掙扎，讓人看到地方媽媽在社會運動中願意承擔的風險與勇氣。

## 你不敢出來簽，那不然我們去找你簽啊

作為南投罷團志工的一員，風險和壓力是真實存在的。罷團在路易莎

收件，已持續十天，但第一階送件後一小時就被驅趕，恐怕這並非巧合，而是政治勢力在背後操作的反撲。路易莎事件發生後，阿美便出現類似創傷後壓力症候群的反應，持續腹瀉、失眠，一度不敢面對網路上交戰對立的討論。

然而輿論掀起熱潮，甚至成為政論節目焦點，她終究還是接觸了這些資訊，並驚訝自己忽然變成全國關注的焦點。當時的身心煎熬，她坦言那一週痛苦至極，不解網友為何攻擊她霸凌店家。實際上，志工們正常消費、低調收件，阿美親自向店員確認，證實志工們並未對店家造成困擾。但網友憑想像與立場指控她，甚至她認識的熟人也在網路留言跟風，讓她對人際信任產生動搖。當時媒體與記者紛紛試圖聯絡採訪，她堅持不出面，並請罷免團隊代為發布聲明，避免事件影響她的生活。

面對這樣的民意環境，她與其他志工制訂的策略是「不爭論、說謝謝」，希望以和平姿態應對誤解與敵意。她坦言，雖然如此，現場的衝擊仍會讓人感到挫折。例如，有一天她在工作六節課後去超市前擺攤，卻被一位大姊當面罵「社會亂源」，當時她才剛從幫助弱勢學生的行程中趕來，為此身心皆感疲憊。她不願當面再起衝突，找了個轉角整理情緒，迴避對方。

罷團志工們後來發展出掃街、沿路家戶拜訪的方式招募連署書，這種面對面接觸的方式，對體力與耐心是一種考驗，不知道會遭遇什麼樣的民眾，也有無名的心理壓力。阿美參與包括埔里、草屯、國姓等地的家訪，她們經常被拒絕、被謾罵，過程艱辛但也帶來難得的對話經驗。

台灣過去所有的政黨從來沒有人逐戶敲門向民眾提出訴求，而罷免志工透過行銷的方式，去填補因政治冷漠與權力疏離被遺忘的空隙。她說：「我們就政治素人嘛，我們什麼都不懂，我們就用行銷業務的思維：你不敢出來簽，那不然我們去找你簽啊，所以我們就一家一家這樣子請人家簽。這樣掃街，有時候常常就三個小時，可能簽到兩張、三張就很開心。」

在一次晚間的家訪行動中，阿美與夥伴們遇到一位情緒激動的居民。該名男子用高分貝大聲吼罵：「不要去我家！」阿美說：「我們就一直跟他道歉，我說先生不好意思，對不起，然後就趕快離開。我們就去下一家，結果我們去下一家，他還不放過我們，還是繼續吼。」對方持續咆哮不止，聲音響徹整條巷子，由於當下環境狹窄、光線昏暗，對方模糊不清的表情、激動強烈的聲音（已嚇到聽不清對方說什麼），彷彿只要一個差池，對方就會動粗。她跟夥伴們感到恐懼，不得不趕緊離開，轉進另一個巷口。她蹲在角落大哭起來。因為這次經歷，阿美短暫退出家訪行動，改為定點宣傳，她依舊站在街頭，持續協助路口舉牌與現場收件。

她沒有退縮。二〇二五年五月四日，在南投一區第二階段罷免送件記者會，她對著麥克風說：「昨天我的孩子還告訴我說：『媽媽妳要不要全身都包得像木乃伊一樣，這樣子就不會有人認出妳了，我們就不會有危險了。』可是我要告訴大家的是：如果我們只是說出我們的真心話，我們都這麼害怕的話，是不是就代表我們還沒有活在真正民主自由的社會呢？所以我要請投一的鄉親，你害怕的，我也會怕，不如我們一起勇敢，我們一起改變。」

如今罷馬二階連署已經順利過關，她說，回頭去看路易莎事件，雖然輿論衝擊罷團，卻意外地促使更多民眾關注罷免行動，甚至投入志工參與。事件隔天，路易莎不再開放場地，卻獲得友善店家主動聯繫願意提供空間，讓行動得以延續至今。當時的震盪，現下看來，反而更像是一種「祝福」。

## 光「台灣人」這三個字，就是政治

二〇二五年四月十九日下午，凱達格蘭大道遊行（四一九遊行）：「拒絕統戰，守護台灣」。台灣歷史上，首次見到中華民國國旗與台獨旗幟飄揚在同一片天空，對她而言，就是一個具有象徵性的轉捩點，這樣的和解畫面，正是因為大罷免運動才得以實現，太令人感動。在埔里收件，有些國民黨黨員甚至攜帶黨證前來簽署罷免書，表明「雖然我是藍的，但國民黨已經不是我認識的那個樣子了」。這些細節，讓她對台灣社會的未來保持樂觀，認為覺醒的人正在慢慢變多，比如埔里這次總共簽下近八千張連署書，遠遠超過預期。

罷免行動之所以能廣納眾人，正是因為其核心不在於意識形態，而在於集體對中國共產黨統治的厭棄與對民主體制的珍惜。許多參與者並非台派，也願意出面連署，是因為「不想被共產黨統治」，這種跨黨派的恐懼與焦慮正是凝聚行動的關鍵。她指出，這種相互妥協與理解原本被認為不可能，卻因反共的共同價值得以成形。

阿美認為，台灣最大的困境之一是來自不同歷史背景的族群之間，缺乏真正的理解與對話。雖然台派與深藍各有堅持，但彼此若能理解對方的歷史脈絡，例如：隨國民黨政府遷台的族群未必是自願遷移的，他們的創傷與記憶同樣值得同理。她雖希望台灣獨立，但也理解「中華民國已經來到台灣」這個現實，雙方若能相互體諒，就能尋找共存的新方向。對她來說，全台大罷免的過程，其實就是一個公民討論的過程，「在這過程當中，總有機會讓你重新思考，除非你真的是完全拒絕的。」

確實有不少人仍拒絕討論。她指出，街頭罵人的群眾經常只是反射式地丟出，例如「吃飽太閒」、「社會亂源」、「罷免民進黨」等標籤語句，無法展開實質討論。這種情形根源於黨國教育的遺緒，與長期缺乏邏輯訓練與公共論辯文化有關。她也對年輕世代的媒體環境感到焦慮，她觀察到許多年輕人所接收到的資訊與她截然不同，社群演算法產生的資訊隔離讓她難以預測年輕人的政治判斷基礎。

此外，她對部分選民無視柯文哲涉及貪汙等爭議，仍堅定支持感到困惑。她觀察到，許多罵街頭志工的人，其實並不是出於理性反對，而是源自對生活不滿的投射與情緒出口。罷免行動雖然具有教育意義與社會討論的潛力，但也不斷提醒她，改變社會需要長時間的溝通、教育與信任的建立。這場運動讓她明白民主社會溝通之難，也讓她更堅定推動公共對話的必要。

阿美回顧自己過去接受的是「大中國史觀」教育，出身於藍營背景的傳統家庭，祖父是公務員，自小被教育投票就選國民黨，並不特別關心政治。她第一次強烈意識到「台灣不是正常國家」，是在大學四年級赴日本交換留學時，當年她明明在申請文件上未填「中國」，但最終居留證仍被標記為「中國」，因為沒有「台灣」或「中華民國」的選項。這讓她第一次產生「身分不被承認」的屈辱與困惑，也埋下了日後政治覺醒的種子。

雖然她後來對台灣歷史有更深入的理解，但真正掙脫大中國史觀並非單一來自知識的灌輸，而是在日常社會參與以及跨文化比較中逐步累積。有人能對南京大屠殺感到同情，卻無法理解二二八，顯示國族敘事的影響之深，並點出中國國民黨與共產黨對「苦難敘事」的長期操作。她認為，一個人若從小只接收單一史觀，成年後確實難以掙脫，除非透過閱讀與與人對話，進而開啟自我反思的契機。

二〇二五年一月一日，阿美在南投的民宿遇到一位德國的旅客，這位德國人之所以選擇來台灣旅遊，是他認為台灣未來幾年內可能發生重大變化，想「趁台灣還在時」來看看。這句話令她震驚，渾身起雞皮疙瘩，她意識到國際社會其實很清楚台灣面臨的風險，反而是台灣內部仍有人陷於認知分裂，否認危機存在。她說：「世界上目前沒有一個國家叫台灣，那只是我們講爽，然後別的國家曖昧叫爽的，對，這是一種曖昧的存在。你不要說你不管政治，因為你身為台灣人就注定要管政治。光『台灣人』這三個字，就是政治。」不可能逃避。

## 罷免是愛，不是仇恨

阿美在罷免馬文君二階連署記者會上說：「罷免是愛，不是仇恨。不是為了反對誰，而是因為我們在乎這塊土地，也關心我們的下一代。我們渴望留給孩子一個什麼樣的台灣？什麼樣的南投呢？」

阿美罷免馬文君的真正初衷，並非出於個人仇恨或報復。她表示，如果馬文君願意回應民意、修正政策立場，那麼卸任其實可作為一種「reset」，轉變很痛苦，但最終促成自身的成長。亦即，真正的政治目標並不是「罷掉馬文君」這個人，而是透過這場行動喚起更多公民對台灣未來的關心與行動。很多人不願表態，或是要求私下連署，這種「害怕被看見」的社會氛圍，本身就是罷免行動存在的正當理由，因為它顯示台灣的民主並未真正成熟到讓人無懼表達。

身為一位接受過三民主義教育的中生代公民，對「公民」與「民主」的理解，多是教材上的抽象概念。然而透過這次參與，她更深入理解了「公民教育」的本質。她說：「我們過去的教育，在歷史與社會的斷裂中，其實很少真正談論什麼是責任與行動。」她語帶驕傲地指出，這次全台串連的大罷免運動，乃是「全世界第一次」，不僅是一項公民壯舉，更喚醒了許多原本政治冷漠或藍營立場的朋友。整個團隊的志工都是真誠無私的政治素人，這種純粹的力量才是行動能量的來源，並非出於貪圖權力或金錢利益。

藍營立法院長說「大罷免若成功，台灣民主大發瘋」（六月八日），對於遭受「大發瘋」這類批評，甚至被罵「神經病」、「吃飽太閒」，她笑笑自嘲：「想想也有道理，我們真的有點瘋，當志工沒薪水、沒假期，面對輿論攻擊，卻仍堅持站出來，別人罵我們，我們還要跟人家說謝謝，是不是瘋瘋的？」這種「瘋狂」是出於公民理性而有的責無旁貸，志工們都苦笑著說「這輩子不要再有第二次了」。

不單是身為公民要守護民主自由，作為一位母親，她堅持為下一代立下表率，不能讓孩子活在一個不正義的體制下。站出來參與罷免，起因於對二〇二四年五月立院擴權的不滿，她察覺立法院在程序正義上的嚴重失序，就好像「宣布放學後卻又重新召開班會翻案」，她無法向孩子解釋堂堂立法院荒腔走板的行徑。她開始反思自己身為家長的角色，並意識到：「如果我們期待孩子們將來願意挺身而出，那大人們也應該以身作則，讓孩子看到什麼是正直。」

罷免行動不僅是為了當下，更是為了未來的孩子。她引用《聖經》的一句話：「愛裡沒有懼怕，愛既完全，就把懼怕除去。」誠懇地呼籲南投一區的選民，三階時勇敢出來投票，同意罷免。我們不願後代在失去自由的社會中長大，希望透過這樣的歷程，建構一個更多元、自由、關懷的民主台灣。她害怕孩子長大後無法擁有投票權，甚至生活在一個健保破產、世代剝削的社會中。如今許多政策淪為「買票工具」，經濟能力足夠的長者仍然免繳健保費，對年輕世代不公平，她希望「不要成為孩子的負擔」，同時也不願國家制度「債留子孫」。這場運動，是她為孩子、為學生、為社會所盡的一份力量。

## 我在這裡認識了一群愛台灣的人

回顧這幾個月的參與歷程，阿美說：「我覺得最值得講的，是我在這裡認識了一群愛台灣的人。即使我遇到路易莎事件、即使我遇到民眾咆哮、即使我遇到馬文君恐嚇『尊重包容到此為止』，我覺得只要有這些人，我就能夠克服那些壓迫。剛剛講的那些困難，會因為我們始終都沒有放棄彼此，我們可以互相鼓勵，互相 cover 對方的不足。而且，明明大家都很優秀，可是大家都不居功。我對此充滿感謝。每個人都各有專長，大家都好愛台灣，台灣是有希望的。如果可以跟這一群人一起建構一個國家未來的藍圖，我覺得是很美好的事。」正是這些真誠又低調的志工夥伴們，讓她在面對政治暴力、情緒恐嚇與人身誤解時，依然選擇前行。

志工們從全國各縣市高雄、台南、彰化、苗栗、基隆趕來支援，彼此大多不認識，對結果不敢過多期待，只是懷抱著「應該要做」的堅持，組成一個以希望為底的民主網絡。這場運動是基於共同信念而起的行動，因而能夠團結，彼此信任，這是最難能可貴之處。初期「All 罷馬」志工們自覺一階不會過關，馬文君也不認為罷團有什麼威脅性，還跑去日本玩。連署書每次都幾張幾張在收，後來慢慢在增加，竟然過關了，成功送件。

與其他罷團相比，「All 罷馬」今年一月才倉促成軍，因而顯得較為鬆散，可是又能夠機動應變、緊密團結，真是不可思議。阿美接著說：「我也沒打算要深入罷團核心，因為我從頭到尾都知道說，我有小孩要照顧，我只能做我能做的，我也不想知道太多事情。」

嘴上說不想深入，但是二階結束收件的前一天晚上，她在第一銀行舉辦一場「關鍵之夜」宣講，當天收到六十張連署書。提到「六十」這個數字時，她臉上笑意盈盈。後來補件期間，她又連續辦了三場週末宣講，其中一個晚上動員了十幾個志工，只得到一張連署書，但志工們仍然鬥志昂揚。儘管她再三宣稱自己不是核心成員，但從她的實際行動來看，她已是這場運動的靈魂人物之一。

# 為愛而行動的志工

## ——海外罷團窗口A

採訪．撰稿／簡端良

A是在英國的留學生，也是全球海外志工團的負責人。她大學專攻表演藝術，成為演員是她一生的志業。這次海外大罷免，在她的四處奔走下，英國和愛爾蘭罷團「Mission 英罷 ssible aka. 愛罷才會贏」（IG：taiwanbalanmission.ukie）於二階共收到了八百四十五份連署書寄回台灣。二月底、三月初期，她不眠不休地串連了德國、法國、中南北歐，還有美加、墨西哥、日韓、東南亞國家，與紐、澳各個國家的海外志工們，將收件模式拓展到全球各地，一起跨國合作向國際友人宣傳台灣目前正在捍衛民主與自由的生活方式，讓海外台人理解台灣的處境，一起對抗中國的強權對台灣民主制度與全球造成的危害。

## 在國外如何協助大罷免？

「剛開始在臉書社團發文宣傳的時候，真的遇到很多阻礙！」A說，一月過年前她在「在英台人臉書社團」發布第一階段連署資訊的時候，會遇到文章被莫名刪除、發文權限突然被限制……「我懷疑是不是機器人帳號短時間內大量檢舉我的貼文，導致 Meta 系統自動下架文章，或者是被管理員刪除。」她懷疑是人為因素鎖她的發文權限，「這個社團有五、六位管理員，我試圖聯絡他們幫我解除發文權限，但他們幾乎都已讀不回。」有一位移居英國多年的志工告訴她，那個社團掌控在親中的經商人士手上，讓她明白打壓台派、滲透臉書社團的資源，真的無所不在。

雖然初期網路宣傳上遇到許多困難，但 A 並未放棄，她於農曆年前主動發文號召，讓有意願連署大罷免的支持者，可以到她打工的餐飲業地點交件。她說：「那段期間真的很焦慮，因為藍白正在修法把門檻提高，我覺得這是違反程序正義的法案，因此想站出來守護民主的制度。」她在 Threads 上發文，第一天就有八至十位在倫敦的台灣人前來遞交連署書，接下來過年前的兩週，她在倫敦收到了一百三十五份一階連署書，並交由回台過年的朋友們陸續送回。

由於當時時間緊湊，來不及設立志工團的帳號，A 決定公開自己的 IG 帳號來收件，也引來大量網軍騷擾和詐騙。「每天都有十幾二十個假帳號來加我好友，或傳來釣魚的廣告詐騙訊息。」她說她感受到某種程度的壓力，也擔心自己在海外的人身安全。

儘管一開始只有她一個人，但Ａ說她始終相信：「只要懷抱善良的信念，就可以遇到有一樣理念的夥伴。」靠著誠意與堅持，她逐步建立起海外志工的社群網絡，二階英國、愛爾蘭累積了八百四十五份連署書，加上德、法、中南北歐的國家，歐洲共收了兩千一百八十三份連署書。她說：「在歐洲的台灣人普遍是很友善、很支持罷免行動的，不然怎麼短時間內會有這麼大的回響呢？」

## 從英國到全球

Ａ從英國一人推動連署開始，逐漸串起歐洲各地、乃至全球海外志工的串聯，讓民主的火苗擴散到全球每個角落，但並沒有那麼順利。她在協助其他國家時遭遇到的困難比英國更多，「我在英國社團發文，頂多半天後才會被刪掉，但法國的夥伴只要一發文說要收連署，他們會被踢出在法台人臉書社團。」

她思考如何突破瓶頸，持續發文徵求志工的同時，也主動接觸歐洲各國的台灣協會，「那幾天幾乎都沒睡，每天持續聯絡英國、曼徹斯特、法國、德國、瑞典、瑞士，和其他歐洲的台灣協會，在三、四天內串起了全歐台協的資源。」她特別提到「歐洲台灣協會暨法國台灣協會」會長Sandy姊：「這位前輩真的幫了我非常多忙，也因為她同時是全歐洲台灣協會的會長，所以我知道至少歐洲各國的台灣協會資源是可以合作收件的夥伴。」

她決定串起跨世代合作——歐洲各國台灣協會、和自己招募到的每一位歐洲各國、各城市志工小蜜蜂的資源，大家一起有共識地將德國志工團「罷藍都一起來」（IG：Balandeutschland）變成歐洲的核心據點，讓中南北歐國家（例如荷比盧、義大利、奧地利、匈牙利、波蘭等國）的所有文件，都可以寄到德國的收件信箱，集中快遞回台。

她說：「海外收件因需要快遞寄回，歐洲會卡到四月歐洲復活節假期，擔憂物流延誤國內造冊，因此非常急迫。基本上各國收件加宣傳天數只有四十天左右，比國內硬生生少了兩三週。」但同時，A也覺得這樣的國際動員經驗很難得，更讓她看到海外台灣人團結合作，一起為守護民主而行動的珍貴力量。

幫助英愛、德國歐洲志工團創立後，她緊接著協助成立的下一個海外罷團，是日本的「霸卡ゴミ丼」（IG：@Bakagomidon）。「我繼續在網路平台 Threads 脆發文，問有沒有人可以在日本收連署？東京有誰？大阪有誰……」陸續有台灣人回應，有人是家庭主婦、有人是在日上班族，也有留日的學生。她會確認他們的社群是否為假帳號、參與動機與真實性。

「當時我希望全世界的每一個國家都有一個收件的志工團，作為協助海外台灣人參與罷免、實踐公民義務責任、守護台灣民主制度的平台窗口。」她陸續協助創立各個海外罷團，截至目前海外志工的收件窗口遍布世界多地，包含德法西義荷比盧奧匈捷波、北歐五國、日韓、紐澳、美加墨、星馬泰等……甚至還有中東國家卡達、沙烏地阿拉伯聯合大公國。

這些窗口不僅承擔實體連署書填寫教學、檢查、收取與寄送的任務，還是各國志工運作與動員的中心。A 說：「全歐、日本、紐澳和美加的收件量都有突破一千份，美國甚至達到五、六千份，他們每週寄回台灣的連署書都重達十公斤」，至於法國則約有三百份的收件量，這些數字不僅是海外志工的辛勞，也是許多僑居的台灣人對民主價值的認同與支持行動。

全球連線收連署書的任務，過程中讓Ａ最感壓力的國家是新加坡，因東南亞國家普遍親中，新加坡當地又是極權政府，若外籍人士於當地從事政治相關活動，可能有極高風險，因李氏政權對於任何於當地的政治活動「都有絕對的詮釋權利」。

新加坡某志工曾發文號召連署，被中國網友留言 tag 新加坡警方官方帳號，於是在罷傅團隊（網址：Bafu.tw）專業工程師邱慕安的建議下，為避免志工暴露網路ＩＰ位址，Ａ在英國時間凌晨三、四點召開兩三次緊急會議，在英國幫東南亞志工團創立新帳號「揪罷共 2.0」（IG：@Jobakong2.0），並因亞洲無時差，把帳號交接給台灣小編，方便客服管理，以防新加坡當地ＩＰ曝光造成志工危險。

而美國台僑團體很多，時間緊湊無法一一確認理念並聯繫，「但有位媒體公關ＰＲ背景的姊姊主動聯絡我，她的領導組織經驗豐富、人脈廣、資源多，也有和各州長老教會聯繫，動員全美的速度非常快，我也從她身上學到很多。」各國使用 Discord App 維持水平串接、各自平行獨立運作、資訊與資源共享的情況之下，全球溝通協調的合作過程也相對順利。

## 在國外，台灣的名字很重要

A說海外的志工們會積極投入罷免，原因很簡單，「只想要回台灣的時候，那個『家』還是原本我們熟悉的樣子」，她意識到家鄉正在被改變、被消音，「當你在海外生活、哪怕只是申請簽證，無論是旅遊簽、學生簽還是工作簽證，都能深刻體會台灣名稱的重要性，都會涉及你能否留下來，是否有資格工作……這些問題，與日常是息息相關的。」

台灣必須是個國家，這不只是護照上的文字，更是人的自我認同與尊重：「從未離開過台灣的人，不容易意識到這個問題，但當你到國外，有些單位直接把你歸類成China，像我同學在申請一些歐洲國家的簽證時，明明寫的是Taiwan，最後發下來的文件居然是China Taiwan，訂機票的時候，有些航空公司會在機票頁面上改為「Taiwan, China」，「當你看到那行字，瞬間不會想搭那家航空公司。」她說：「這是一種存在感被抹除、國家主體性被否認的壓迫」。

在歐洲有些城市，整個城市可能只有兩三位台灣人，當被問起「台灣？台灣不是中國的一部分嗎？」這影響到你要怎麼跟外國人介紹自己、別人怎麼認識你，你又能否清楚地說出自己是誰、台灣和中國哪裡不一樣，以及自己的歷史與認同，那不只是個人的情感寄託，更是一種實際的生活需要。它不僅關乎個人在語言、文化與政治上的立場，也關乎你能否在國際社會中有尊嚴地回應他人的提問與誤解，面對外人，你需要一個清楚而堅定的敘述，要說出：「我來自台灣，台灣不是中國！」

這讓 A 更加明白：「我是誰？」絕對不該被他人定義。有人說：「台灣人與中國人不都一樣嗎？」這種說法是對自身歷史與身分的放棄，放棄自己對土地情感的連結、對歷史真相的理解，以及對未來的想像。當我們願意問出「我是誰？」的時候，才正是邁向成熟民主國家的起點。正因為如此，海外的台灣人特別珍惜「台灣」這兩個字，唯有在世界各地都堅定說出「我是台灣人」，我們的家才不會在無聲中被改寫，我們的存在，才不會在國際間被模糊，我們的未來才不會被決定。

除了旅居海外志工們的熱情參與外，海外的台僑團體也扮演重要的角色，讓她特別感動的，是和英國台灣協會、曼徹斯特台灣協會、法國台灣協會、德國台灣協會等所建立起的跨世代合作。這些海外台僑團體的運作，早就相當成熟，他們累積了穩固的人脈、當地的社群關係與長期的組織經驗。而較年輕的留學生，有著充沛的創意與數位行動力。

因此，這是一場跨世代、跨專長的互補聯盟，更體現了一種對台灣的認同與責任感。這樣的合作不僅僅在歐洲，包括日本、紐西蘭、澳洲……等地的台灣人協會、同鄉會，這段時間也都積極參與，這種串聯讓Ａ感受到，大家對「台灣這個家」的想像與情感是一致的，「我們對台灣主體性的認同，是彼此最強大的連結，我們都希望台灣必須保有自由、民主與尊嚴，因此都願意在這條路上付出行動」，是一種深刻而溫柔的力量，身在不同國家，卻同樣胸懷台灣、心向自由。

## 從正藍家庭長出來的台派

A學的是劇場表演，屬人文藝術的領域，會比較關心人的處境、角色當下的處境，延伸至身分認同與各種議題，對既定的問題和答案都抱著懷疑的態度，這種思考方式尤其對尋找新的可能性又特別有幫助。

若要說有什麼與台灣意識的連結，大概是幼稚園的時候，外婆外公的潛移默化。他們常帶著她坐遊覽車去進香團、參加造勢活動，也會每天下午一起看歌仔戲和民視的八點檔節目。「我還記得有一次他們竟把我帶去握陳水扁的手！」當時A年紀小，根本不知道自己在做什麼，只覺得人很多很擁擠，「是外婆抓著我的手，穿過人群去跟阿扁握手。」

這樣的經歷和她父母很不一樣，父母在學就讀師大時國家補助免學費，因黨國體制國家有計畫栽培這些人，成為協助運作國家機器的軍公教人員。「他們是國民黨體制的受益者，但某種程度也是被洗腦長大的受害者。」

這個制度保障了他們的工作與退休金，卻也綁架了他們的思想與視野，他們從小就在「反攻大陸」的口號下長大，那個年代沒有網路與媒體，資訊的取得和選擇都相對封閉、陝隘，「像我媽到現在仍對蔡英文很不滿，一提到年金改革，她的氣就上來。我有試著跟她談這些問題，但是效益不大，她是那種會轉傳長輩圖、很容易相信假新聞的人。但不能放棄持續溝通的可能！」A與台灣的連結，源自於對自己成長背景的認同。

A說：「其實我覺得自己一直都是台派！」她父母都是老師，傳統讀國立師範大學的軍公教，為何爸媽都是國民黨時代的小孩、受黨國教育的正藍軍，她的價值觀卻與他們截然不同？她說，自己從小一直被身邊大人視為「個性相對獨立、不按牌理出牌」的小孩，大人說只能去東邊，她就偏要往西，看看為什麼他們說西邊不能去？

太陽花學運時她高三，是校內第一個背起書包，北上參與學運的學生，當時就睡在立法院外面，搭凌晨的客運從台中上台北，南北來回跑了幾次。她發覺：「中南部的學生相對隔絕，學校繼續在模擬考，教師仍照本宣科地教著制式的內容，體制內的場域非常封閉。感覺置身另一個平行時空，沒有和外界接軌。」她說：「我那時候覺得，教育不應該是這個樣子！」

在三一八運動後她選擇「躲起來」，因為學校沒有人可以對話，父母也無法理解她，「當時知道內心有某個傷口，但年紀小還不知道該怎麼處理，但也很慶幸我沒有壞掉，因為看電影和閱讀是我的出口。」

## 投入罷免成為個人成長的契機

對A而言，罷免運動不只是一場公民行動，更是一段深刻的自我歷程。回顧這半年，「我從未參與過如此入世的實踐，這次卻一頭栽進去，從零開始摸索，到後來逐步建立起整個全球收件系統，對我來說是一次極大的突破與成長。」

從親自規畫活動、聯絡、溝通、寫文案、設計圖卡……還要在街頭一份一份收連署，「在倫敦過年前，我一個人收下一百三十多份連署書，每一份都是親手收來的，靠的是網路宣傳和陌生開發，不斷地說明、不斷地溝通、不斷地等待與耐心」，「那時候我很孤單，常熬夜想文案、工作、整理表格、找地點擺攤，到後來看到全世界各地一起響應，全球連署數量累積到超過萬份，讓我強烈感受到，只要願意行動、堅守信念，就有可能發生連鎖效應，帶來改變。」「我對自己更有信心，我相信，只要選擇善良的價值，就會有理念相符的夥伴，就沒有什麼是不可能的。」

這場罷免行動讓A學會承擔責任，也學會放下恐懼，這些海外志工們的緣分，是她這半年獲得的最大禮物。「我想為我愛的人事物負責任。」這是一次出於愛的選擇，這份愛不是抽象的理想，而是一種切身的行動——看到家鄉正在經歷困境，看到許多挺身而出的台灣人，「我不願置身事外」，這份愛讓A甘願投入，即使疲憊，卻從不感到痛苦，那種由衷的甘願付出，讓她在過程中感到深刻的幸福。

有荷蘭志工認為，原本每天看到國內新聞，覺得充滿壓力，焦慮、痛苦是日常，但自從加入德國罷團之後，他突然感覺到「有一件我在海外可以做的事了」，那份焦慮轉化為行動，那份無力感被實際參與所取代，並轉變為喜悅，是海外志工們幸福共同的來源。

在面對各國志工團隊時，A必須思考：有哪些狀況是夥伴們還沒想到的？SOP應該怎麼調整？有哪些資源可以事先準備好，讓其他國家的志工更順利地展開工作？這種處處為人設想的敏銳細膩，是她一直都擁有、過去卻未曾以「入世行動」實踐的，而現在不僅嘗試，還從中收穫感動。她說這正是出於愛的行動所帶來的力量，當一個人為所愛之事甘願投入，那份初衷的純粹、行動的本身，就已經是幸福了。

這次投身社會運動，在短時間內經歷極高壓力的狀態，不斷地讓自己開放、改變、接受挑戰，走上一條無法預知未來的路。對A來說，是一場「置身險地」的實踐，為什麼自己有這個勇氣？A說：「我想試試看，一個像我這樣『除了愛以外，什麼都沒有』的人，一個很普通、很渺小的人，可以為善良的價值，為自己和其他人的自由而勇敢、而努力到什麼樣的程度？」

若問A懷揣著這份愛，想為這個世界做一些什麼？她說：「那就是喚醒他人『愛的能力』。」A認為：「生而為人，『愛』是很本能的，要相信我們都被愛過（被家人、朋友、情人愛過），所以我們知道愛是什麼，每個人都是有能力去付出的，我們對台灣、對家鄉的愛，也比對中共的害怕還要多很多很多！」未來她會繼續用各種形式的創作，或文字、音樂、話語去做這件事。

## 能投入改變歷史的行動是幸福的

這次參與大罷免行動，對Ａ來說不僅僅是一場社會運動，更是一場個人成長與生命轉折，回顧整個過程，覺得自己像是一個「全球台派行動的座標原點」。這角色本不在自己的預期中，當初只是傻傻地一步一步做，沒想到竟然有了這樣的規模與回響，讓Ａ感到無比榮幸，也非常感動。「我從來沒有想過，在這個世界的每一個角落，都會遇到志同道合的夥伴」，那種「原來我不孤單」的感覺，是這場運動帶給她最溫暖、也最堅定的一部分，也開始發現，不論以後走到哪裡，都有可能找到朋友，一起討論價值，一起努力改變社會，這樣的連結既真實又充滿希望。

這過程不只是擴展了眼界，更真切體會「有機會投入一場能改變歷史的行動，是一種幸福」；相對於那些沒有參與的人，他們仍舊留在原本熟悉的生活圈裡，沒有機會跨出自己的視野，也無法真正理解不同世界裡正在發生什麼樣的事，他們失去的不只是一次政治參與的機會，更失去了一次更深刻認識自己、理解他人的可能。Ａ說：「願我們都不要忘記，真正的公民行動，不是出於仇恨，而是出於對這片土地最深的愛。願你我都在愛裡行動，成為彼此的火光。」

# 國際網路串連聲援大罷免

## ——資訊安全工程師邱慕安

採訪・撰稿／簡端良

曾任行政院公共數位創新空間以及數位部資安院設計制度總顧問，參與數發部數位韌性計畫的邱慕安，十九歲到英國留學，畢業工作，加入美國矽谷科技公司，在 Git Hub 擔任技術工程師，待了將近八年，直到公司被微軟併購後幾經變革才辭職回台灣。她也是台灣「嘖嘖」集資平台的共同創辦人，她在專業中尤其注重「無障礙網頁設計親和力」的推廣，讓視障、聽障或其他身心障礙者，也能使用網路的便利性。目前她長住柏林與台灣兩地，在這場罷免運動中，以關鍵的技術投入，成為幕後重要推手，尤其在網站設計與資訊安全上，以極高的專業協助大罷免。

## 邱慕安的公民行動

她曾在「g0v 零時政府」參與一些技術協作，與發起人唐鳳與高嘉良相識，當時因為人在海外，多半以遠端方式支援。二〇一四太陽花學運剛好返台，也去現場支援了直播串流的網站設計；二〇二〇年搬回台灣，短暫進入國家資安院任職希望為台灣付出。現在看到藍白強行通過三大惡法，自此投入了大量時間與技術，支援整個罷免平台的建置，成為海外台僑與台灣社會之間的橋梁。透過她與志工們的努力，罷傳網站能夠快速更新、清晰呈現各地收件資訊，讓散居世界各地的台灣人更方便來參與這場公民運動，也能保護參與者的隱私安全。

在罷免的初期邱慕安就主動把所有網路訊息整合在一起，如教師及作家的網路連署，她堅持都要移至網站，以避免遺失或遭到攻擊。「後來我們又協助設計了作家連署的專頁，讓每位作家的名字都可以點進去，連結到他們的書，這樣的設計不只是為了美觀，更是希望這些人的聲音能在網路上長久留下來，被搜尋引擎記得，不會隨著平台更動而消失。」她說明自己特別強調連署紀錄不只是存在 Google 表單內，更應保留在網頁上，原因很簡單，她相信每一份聲明的具名連署，都應該成為可查、可見的公共記憶。

## 網路讓大罷免大擴散

邱慕安現居北投，沒有國民黨立委罷免，於是選擇加入小時候的學區大安區志工團，也很快發現一個問題：「許多人不知道自己屬於哪一個選區，該去哪裡簽署連署書。」她意識到一件很迫切的工作：「要有一個工具，讓大家可以輕鬆查詢自己的選區與對應的罷免資訊。」

當時整個罷免行動尚未有統一的網站，於是她用最快速度開發，並在二〇二四年一月十六日正式上線。這個網站最核心的功能，是讓使用者輸入地址或郵遞區號後，可以立刻查詢所屬選區及該選區的罷免標的，並直接連結至該選區的罷免團隊頁面。初步的查詢功能穩定後，她進一步加上地圖功能，她說：「我在現場當志工時，就看到很多人是拿著手機，開著我們網站的地圖功能找過來的。」

由於她忙著開發網站，收集資料就由其他熱心的網友整理，每天深夜整理，再把全球更新的連署點發布在網站上，「我們網站幾乎每天更新，有時候甚至一天更新好幾次，可能有些連署點會臨時取消或地點變更，都必須即時修正。」這個地圖讓全台灣即時的連署點一目瞭然，也讓每位想連署的公民，只要打開網站，就能找到最近的連署站點與時間並前往。

二〇二五年農曆春節期間，她與團隊發起了「走春運動」，網站首頁特別設計了春節特輯與春聯圖樣，讓罷免行動在年節氣氛中不減溫度，她說：「那時候的構想很簡單，讓大家拜年走春的同時，也能順路簽個名、作點改變。」

邱慕安觀察到，其實許多工程師是非常想幫忙，卻無切入點，「不是每個人都有機會被信任與認識，剛好大安團隊知道我有技術背景，就讓我以顧問身分協助各種事務，從 email 設定到隱私保護的細節都來問我。」

她也注意到另一個問題：許多地方罷免團體並沒有自己的網站，「早期只有中二選區和大安有網站，而且還是簡單架設的那種，其他多仰賴 Facebook，這讓資訊傳遞的穩定性大打折扣。」社群媒體發布資訊的風險是容易被檢舉、封鎖，更讓一些不使用社交平台的年長者無從得知資訊，「網站是能被 Google 找到的來源，長輩才知道最近的連署點在哪裡。」

她負責的「罷傳（附）」網站名字是「罷免附隨組織」的縮寫。不是針對傳崐萁的罷免平台，「一開始就設定『罷傳』是個全國性的網站」，網站的地圖功能涵蓋全台灣、甚至海外的連署據點，讓無論身在何處的支持者，都能找到屬於自己的行動入口。

## 以科技推動人權

在建構罷傳網站的過程中，她找了一位設計師朋友陳亦婕來合作，由於有關心人權與政治的默契，始終無償地投入工作，並以理念為核心驅動，舉例來說，她最近負責了綠島人權藝術季的視覺設計，那些設計作品也呈現出她對議題敏銳的觀察與深度。

「我們的分工很清楚，他負責視覺設計，包括網站的logo、標誌風格，以及整體的文宣設計內容；而我負責網站的建構與技術實作。」她們的網站不只是罷免資訊的集散地，更試圖從各種群體的角度出發，說明為什麼要罷免，讓這場行動與不同公民議題產生連結。藉由性別議題、二二八歷史脈絡、文化與藝術的重要性等，去談相關預算遭凍結或刪減，並以此說明相關公共政策與罷免的關連性。這些議題與內容也間接傳遞她們的價值，如支持台灣獨立、強調轉型正義的重要性，以及對威權遺緒的批判。

她說她始終相信，科技不只是冰冷的工具，如果能夠帶著人權與公共價值的初衷去運用，會是推動社會改變的重要力量，這次罷免就是具體的實踐案例。

對她來說，台灣獨立本身就是對平等自由的實踐與追求。當前台灣的現狀，是中華民國政權仍在這塊土地上主導著政治與國際話語，然而這個政權所代表的意識形態，無法代表台灣人的認同與價值，中華民國體制的種種歷史包袱、意識形態，以及對本土聲音的忽略，實質上就是對台灣人主體性的一種剝奪，若任這樣的壓迫持續，那還談什麼自由、平等與人權？

她關注台灣獨立議題的同時，也關心女性權益、人權保障與社會各種議題，這些議題彼此交織，不可分割，無論是性別平權、族群正義或是身心障礙者的權益，這些都共同訴求一件事——人生而平等。而平等不可能只在某些議題上成立，卻在其他領域能夠容忍壓迫。

她也注意到一些主張台灣獨立的團體，仍存在對女性、弱勢的不尊重與忽視，這樣的台獨會失去內涵。因此她認為若不能尊重多元、包容差異，那這樣的台灣「獨立」，是非常形式的。只有堅持所有人都應該享有自由平等權利與尊嚴時，台灣的獨立才會真正有價值。

## 資安意識的建立

在罷免過程中，資訊安全是她特別關心的，她很早便注意到，在罷免網站中，出現了某些可能的資安風險。因自己的專業背景，她對資安標準要求極高，當她看到連署平台可輸入個資來生成連署書的模式，馬上意識到資料是有外流風險的。她當時就與一位網紅發生不少爭論，因為若網站遭到駭客攻擊，那些連署人的個資很可能會被盜取。

她也和「美玉姨」這個闢謠機器人的開發者徐曦合作，以持續在網路上提醒民眾每個網站潛在的風險，同時也持續把這些資安風險與應對措施傳達給罷免志工。尤其是負責海外收件，或長期使用社群媒體的罷免團隊，其中有許多海外團體的社群帳號接連遭到駭客盜取，這使她更堅信大家都處於某種程度的攻擊下。她開始分享進階的資安防護方法，例如：

- 建議團體設置雙重認證，並避免使用手機簡訊作為驗證方式。因為手機訊號是明碼傳輸的，容易被攔截，尤其是在特定時間與地點提前公開行動行程的情況下，更容易成為目標。
- 指出基地台與裝置本身可能存在漏洞，因此建議改用安全性更高的驗證方式，如使用加密 App 產生的一次性密碼（OTP）。
- 撰寫交戰手冊，具體說明資安風險來源、攻擊可能方式與具體的防範步驟，提供給各地罷免站作為參考。

這些建議並不是臆測，而是來自她在矽谷科技公司任職時的實務經驗。收集連署書不只是行動的展現，也涉及到對個人資訊的保護責任。

她會耐心對沒有資安背景的志工解釋，一份資料從你的電腦送上網路，在這中間的過程中，訊息會穿越多個伺服器與路徑節點，每一段傳輸都有可能遭遇駭客入侵，這是資訊科技中最基本的風險認知。

罷免時有個網站主打「可以自動生成連署書」，要求使用者輸入住址和身分證字號，這個在技術上，其實完全可以用前端即可達成，不需要把個資送到後端伺服器。但若一開始就卻選擇傳送到伺服器，等於把風險轉嫁給使用者。即使後來該網站也修正架構，改為在使用者本地端生成連署書，但她仍認為這不是一個可信任的作法。因為絕大多數的使用者無法辨認這些技術的細節，也無法確認網站版本是不是安全的。

有段時間，甚至有人假冒該網站散布偽網址，導致民眾根本不知道自己進入的是不是正確的站點。當「輸入資料就能自動產生連署書」這個訊息在社群中廣泛傳播後，風險進一步擴大，只要惡意製作一模一樣的介面，民眾就會在不知不覺中，把個人資料交給不明來源的網站。

因此她一直堅定呼籲，不要在網站上輸入戶籍地址與身分證字號，這等級的個資一旦外洩，將帶來難以控制的後果。而這場罷免運動她觀察到太多人對資訊安全的過度信任與理解不足。「我們不能因為公民參與的熱情而犧牲基本的資訊保護原則」。如何採取更成熟、穩健的數位參與，這是每場民主運動的課題。

在罷免行動中，更常發生的是志工帳號異常與遭盜事件。許多志工的帳號被盜用、鎖定，甚至直接遭到停權，尤其以海外志工受到的影響最為明顯。許多參與海外收件或資訊轉傳的團體負責人向她反映，他們的社群帳號遭到惡意登入、內容被刪除，甚至整個帳號被平台關閉，使得原本累積了上千追蹤者的聯繫管道，一夕間化為烏有。

因使用者本身缺乏資訊安全的意識，沒有察覺自己曾在哪個時間或平台上洩露過帳號密碼，就無從得知帳號被駭的具體原因，這使整體防禦變得更加困難。有些帳號被盜之後，內容全數被刪除，原有的社群連結中斷，消息無法傳播，這無疑是一種損失。

還有一類是帳號被大量檢舉而遭到封鎖，在罷免行動中也頗為常見，有時志工們為了推廣某些連署宣傳，會在不同的社群平台留下類似的訊息，這些訊息若過於頻繁、重複，系統可能會將其視為「廣告垃圾訊息」，而自動執行封鎖處置，這樣的情形，在 Facebook、Instagram 等平台最常見，對這些被誤判為「惡意行為」的志工而言，申訴與解封的程序往往既繁瑣又低效，有些帳號甚至永遠無法恢復。

為了因應這樣的風險，志工團體要有備用帳號，有些則請其他人協助轉發訊息，建立資訊備援網絡，避免單一帳號失效時行動陷入癱瘓。她建議志工開啟兩階段認證、避免使用明碼簡訊收驗證碼、定期更換密碼，包括社群帳號的貼文頻率與策略……這些看似瑣碎的細節，是構築公民行動網路防線不可或缺的一環。

## 如何確保連署書送達台灣

歐洲的郵政體系並不可靠，郵資又貴，如果個人要獨自將幾十份連署書透過DHL快遞寄回台灣，不只是時間成本，更是金錢的負擔。因此她完全支持「集中收件」的必要性，這樣才能降低成本、提高效率。

但也因如此，一開始就面臨許多質疑的聲音，有些人認為「不能把個資交給不認識的人」，她就是在這樣的情境下透過網路與A相識。因理念相近，選擇互信並合作，A會將收集好的連署書集中寄回台灣。邱慕安那時正好在大安罷團當志工，而且曾經在英國留學工作，深知當中的困難，決定負責把這些資料安全轉交出去。

而 A 在英國所面對的困難是更多的，英國不像台灣那樣便利，到處都有影印店，學校雖然有列印服務，但一張紙的列印費可能就要幾十塊台幣，當一人需要列印五張連署書時，這成本對學生來說相當吃重。因此，只能尋求遍布各地的朋友支援，用自己家裡的印表機幫忙列印空白連署書，再轉交給需要的人。邱慕安也介紹英國工作時的同事來提供資源給 A。

更最大挑戰是連署書格式要精確，包括行距、邊距、框線粗細等都可能成為被退件的理由，A 為了確保寄回的連署書有效，會把印好的樣張拍照傳來給她，請她與罷免團隊確認，經常不僅一次兩次，而是數次反覆地確保無誤。更重要的是保護個資，整個過程只傳送必要的資訊，不讓任何個人資料在網路任意流轉。

還有比較具彈性的送回模式，就是分批由可信任的旅人手提帶回，這是透過信任網絡尋找即將從英國返台的朋友，將連署書交由他們隨身帶回，一次僅約五十份左右，避免一次性運輸而加大風險；過程中這些協助的旅人必須細心記錄轉運過程，在上飛機前、落地後，以及親自交接給罷免團隊，都要拍照或影片，作為憑證。

畢竟資料在運送過程萬一遺失，其傷害難以言喻，因此分散風險是關鍵原則。她說特別是在第一階段的連署收件中，正逢農曆新年假期，郵局暫停營運，大量的文件無法及時寄送，為了克服這個時效上的困境，有些返台者在抵台後，選擇將文件交給如 7-11 等連鎖超商，點對點寄件給罷免團隊的 7-11，因為 7-11 過年期間依然營業，得以繞開郵政系統的休假，確保文件在時限內送達。

這套系統由英國的志工自行摸索建立，包括由誰帶回、怎麼追蹤、如何保證安全送達，每個細節都依靠團隊間的默契與責任感來完成。這些看似瑣碎的過程，正是民主實踐中不可或缺的日常。

## 沒理由袖手旁觀

如果大罷免沒有成功會怎樣？邱慕安說：「老實說，對我個人影響很小。我有資源、有能力、有退路。如果我想離開這個被中國勢力入侵的台灣，我在國外工作十幾年有人脈、有房子、可以輕鬆找到工作，隨時可以離開台灣得到身分。但我選擇回來努力。」真正讓她痛心的是，多數人沒這個選項，他們會被留下來，被體系吞噬，被不公的體制壓垮。

「正因為我知道自己不會被傷害，所以我更沒有理由袖手旁觀；我想用我的能力去幫助那些沒有選擇的人。」現在中共對台灣買斷、收編與同化，手法太粗糙了，根本不加掩飾，就是要滲透、瓦解台灣，而我們要什麼樣的生活價值？要什麼樣的制度？要不要活在一個人可以被尊重、弱勢有人照顧、多元文化被容納的社會？這些，都是中國所沒有、也不可能給的。

因此，她無法理解為什麼還會有人願意向中國的體制靠攏，如果說這些人是出於不了解，那我還可以接受；但如果他們明知中國的問題，還要把台灣人往裡面推，那這就不夠格當立委了。

這個社會裡，還是有一群自認為是好人的既得利益者，他們會說自己多「關心社會」、「多願意傾聽」，但其實他們無法感受到被壓迫者的處境與痛苦。對他們來說，一切都「沒那麼嚴重」，他們會說：「妳可以換個方式解決，不要那麼激進！」

這些話語背後，其實是因為他們從來沒有真正面對過「沒有選擇」的時刻，他們無法理解「沒有辦法」的人，是怎麼樣活在牆角、毫無退路的世界。他們看似溫和、理性、願意討論，但實際上，那是自我防衛的舒適距離。對他們而言，不是他們不想幫忙，而是那個痛苦，從來沒有真的進到他們的生命中，他們不會行動，也不會站出來，因為這些不義與他們無關，甚至打擾了他們原本平順的生活節奏。

除非有一天他們也被壓迫，才可能真正轉變，但到那時一切都太遲了，就像德國牧師馬丁．尼莫拉（Martin Niemöller）最常被引用的名句：「當他們來抓工會的人時，我沒有說話，因為我不是工會的人；當他們來抓猶太人時，我沒有說話，因為我不是猶太人；最後他們來抓我時，已經沒有人能替我說話了。」

或許有人會問：「妳為什麼那麼積極地投入這場公民運動？」她一樣回答不出什麼大道理，只知道看到一個不公義的體系在壓迫人民，用權勢在踐踏公共價值，民主機制正在被扭曲，怎麼可能裝成沒看到，繼續過著自己安逸的生活。這份不忍並沒什麼特別，只是「應然」，作為一個人基本的底線。

## 為自身命運負起責任

許多人以中國武力犯台的可能性來決定該採取什麼行動，但她認為沒必要，「個人的行動不應建立在對手的變化」。身為台灣人，該做的就是在自己的步調中堅持價值、積極行動，而不是等著看中國怎麼動，再來調整應對。威脅就是威脅，不會因為強弱不同就影響我們守護台灣的責任與決心。

這就如同人生，人不該等到死前才開始學會珍惜當下，如果知道自己明天不會死，難道今天就可以渾渾噩噩？人還是要在每一個當下努力活著。台灣也是，不論中國明年打還是十年後動手，我們都應該在今天就為自己的命運負起責任。

因此，我們該做的，就是持續強化台灣自身，尋求更多國際理解與連結，讓世界看見我們是誰、為何值得支持……這是身為民主社會一員的基本功課，而不是戰爭威脅來臨時才準備應變方案。

這樣的想法同樣適用於大罷免，她參與其中，並不是因為中國的威脅迫在眉睫，而是因為我們本來就該對不正義有所回應，這不是出於恐懼，而是出於對自由、尊嚴、人權的堅持。

邱慕安這些與眾不同的觀點，看似獨特，實是最真誠的人性。

# 把大罷免視為修行道場的出家人

——釋正定法師

採訪・撰稿／簡端良

在桃園罷免涂權吉和魯明哲的連署站中，總會看到一位法師，他是出家四十年的釋正定（梵因法師），他從菩提心出發，走上護台行動，他認為修行不能只關心自己，而不在意眾生的苦難。當中國共產黨已兵臨城下，進入台灣的立法院顛覆我們的民主制度時，還裝作沒事就是不負責任的逃避，因此他選擇投身擔任罷免志工。

二〇二四年十月，梵因法師投入連署站的志工工作，幫民眾填寫資料、說明程序、引導流程，並沒有參與決策，也不是幹部，但他非常樂於單純擔任這樣的角色，讓他有機會真與眾人互動，他的原則就是：不張揚，不主導，不缺席。

有人的地方就難免有紛爭，但他視此為觀照人性的契機，民主社會每個人都有自己的煩惱、立場與期待，人與人之間會有不同的意見，這讓他回想起自己為什麼要出家？為的就是調伏心中的煩惱。他認為痛苦不來自於外境，而是自我的貪執與計較，出家人就要學習放下與觀照，試著從自己身上找解答。但世俗的人往往不是這樣，總是要「改變別人」而不是「調伏自己」。

## 在佛法中找到真正的快樂

梵因法師是在大學畢業後即出家，在大一時，就開始接觸了佛法，因學姊的引導，進到佛學社看到佛經，整個人就被吸引了，內心有一股強烈的感覺，就是這裡了！從那時起，大學幾乎把一半的時間都花在跑寺院，也參加了蓮因寺懺雲老和尚的齋戒學會，在他內心深處，一直對「生命到底要往哪裡去」有強烈的疑惑，但求學階段並沒有機會好好思考，到了大學思想比較成熟了，內在開始被激發，鼓起勇氣開始追問：「我此生到底要走向哪裡去？」他記得很清楚，畢業考一結束當天，就選擇到寺院出家去了，連畢業典禮都沒有參加。他對自己說，既然生命已經找到方向，就不需要再猶豫。

在接觸佛學社之後，梵因法師確定了佛法的確能回應他「生命何去何從」的疑問，他說：「每個人都想追求快樂，但往往只在乎『眼前的快樂』，此生的幸福，然而真正的快樂，應該是生生世世的自在。」為什麼我們無法從輪迴中解脫呢？因為煩惱、業力，太多的無明與業障，導致我們生生世世受苦，不得自在。佛陀早就把解脫的方法與障礙都說得清清楚楚了，梵因法師在閱讀佛經與親近善知識後愈來愈確定：這才是他這一生值得追求的，那些功名利祿、家庭幸福，雖世人看得很重要，但從解脫的角度來看，都是短暫的束縛，「我不追求這些，不是因為輕視世間，而是看到更遠、更深的自由。」

蓮因寺的懺雲師父，教導弟子至誠懇切地念佛，梵因法師曾依此閉關一個月，那段時間一天只吃一餐，每天只需要三、四個小時的睡眠，斷絕外緣，念念都是「阿彌陀佛」，在那樣清淨與專注的狀態裡，感受到強烈的懺悔心，念到懺悔文：「往昔所造諸惡業，皆由無始貪瞋痴，從身語意之所生，一切我今皆懺悔。」一股來自內心深層的感動油然而生。

閉關結束雖有些體悟，但也覺知到一個局限：閉關結束內心的法喜就會消散，不知要怎麼在日常中維持定與慧。後來因聽聞《菩提道次第廣論》，就作了一個重要的決定去向日常法師學習，那是梵因法師修行的轉捩點，從信仰的實踐者，成為一位在理論與修行間努力統合的行者。

## 從菩提心出發，走上護台大罷免行動

梵因法師說：「過去只關心自己的修行，對眾生苦難並沒有太多的感觸，但隨著日常法師辦各種佛法事業、接觸群眾，內心產生變化，眾生不再是抽象的對象，而是與我真實聯繫的人群，這樣的轉變讓自己無法再對世界的苦難視而不見。」

當中國加緊對台灣滲透、這些立法委員與敵對勢力合流，試圖顛覆台灣的民主制度時，「我的內心無法平靜」，因為不僅是政治問題，而是關乎眾生福祉、國土安危，與修行道場能否持續的問題。「我不能已看見被中共統治下的眾生會受苦，自己還山中逍遙，當敵人已兵臨城下還裝沒事，這就是不負責任的逃避。」

他很清楚這些親中的立法者，他們之所以肆無忌憚地推動各種破壞國家安全的法案，不是無知，是因為他們根本就認為台灣不需要下次的選舉，只要中國控制台灣，他們就可以不用聽民意繼續維持他們的權力了，他們現在做的每一件事，都是在作這個鋪陳，過去還會遮遮掩掩，現在已明目張膽與中共唱和了。

「修行不想和別人對立，但讓我看清真相，絕對不能對眾生的危難保持沉默。若一個修行人只為了自己的清淨而不願堅守正義，那修行又有何意義？」中國內憂外患，國際已經在孤立她了，中共唯一解套的方式是攻擊台灣，台灣公民此時不站出來，還要等什麼時候？因此，罷免不是政治行動，而是公民覺醒；是一個修行者對眾生慈悲心的實踐，是保衛家園的義務。

「如果中國統治台灣，我們還能找到菩提心嗎？」只要看看西藏就知道答案了，中共接管西藏後，整個藏傳佛教幾乎被連根拔起，寺廟被毀、僧侶被迫還俗、修行人流離失所。「只有少數高僧可以轉逆境為道用。但那畢竟少之又少，絕大多數人，包括我自己，是無法在極權壓迫下持續修行的。」若中國侵台再來一次大屠殺，人如何觀功念恩而不起瞋恨心？

今日的中國，表面上有佛教活動，寺廟也可禮佛，但實際上已淪為政治的裝飾了。中共限制佛法、僧侶受控、道場遭審查，修行不是自由的選擇，而被政權馴化了。這樣的命運，西藏已經經歷過了，「達賴喇嘛都說過，如果再過十年還不能回到西藏，西藏的佛法文化將徹底滅亡。」這不是虛言，而是殘酷的現實。因此，為了讓佛法延續，我們必須捍衛民主。這就是為什麼他願意站出來參與大罷免行動，他認為如果台灣失去了民主，不只是人民受苦，連信仰都會一併沉淪。

## 把大罷免行動視為實踐心靈的道場

梵因法師說：自己不是什麼大法師、住持、會長，只是一個修行人，但問題從來不是什麼頭銜，而是調伏自己的內心。他認為除非真正經歷過、身經百戰的修行人，否則很難處理組織內部的衝突；衝突如果擴大，國民黨、共產黨一定會拿來炒作，讓中間選民失去信心而動搖投票意願。一開始大家可能忍著，等到第二階段結束，一旦情緒爆開，傷口撕裂就難以收拾。這不是危言聳聽，有時候人會在最痛的時候，作出最破壞性的決定，對他來說，這是一場集體的修行與考驗，不只是對制度的挑戰，也是對自己煩惱的調伏。

這次大罷免他的角色就是「志工」，他坦言：「大多數志工沒有佛法的觀念，重心偏重在世間法的操作與策略。」與其把時間花在論辯、周旋，不如回到自心的觀照與行動。在大罷免中，他除在現場實作外，也透過文字，每日在網路上發表文章、反思與佛法相連結的觀點，「我一直想表達的，就是把這次的大罷免當作一個修行的道場，藉此提升我們的心理與良知。」梵因法師在三月十四日與曹興誠共同召開一千五百佛弟子護國護法支持全台罷免的記者會後，透過媒體讓更多人有機會看到佛法與罷免的關係；這是一場共修，罷免過程要不斷內觀、調伏煩惱，若無悲心引導，也會陷入權力的糾纏與對立之中。

許多志工熱中於成果，連署了多少份？安全門檻到了嗎？但如果行動只是為了追求勝負，萬一沒有達到目標就會陷入失落與爭執；他視罷免為一場啟蒙運動，「我希望整個罷免行動是為一場對良知與信念的呼喚。」「這不是一場鬥爭，而是一次修行；不是為了擊敗誰，而是為了不辜負這個時代」，他說。

## 大罷免旨在提升人性善

對這塊土地人性善惡拉扯的評分，梵因法師給了八十分，他說，多數志工是出於對台灣的愛與對家人的關心，突破心中的恐懼願意站出來，就是一種心靈的提升。然而，這一份善意仍然脆弱，若人與人之間仍固執己見，那這份覺醒很容易毀於一旦。他在意的不只是行動，更是心靈是否提升。

從人口比例來看，台灣投票人口約有一千兩百萬，願意站出來連署的人約一百二十萬，僅約十分之一，梵因法師認為這一百二十萬人是突破恐懼，心靈有進步的人；至於那些觀望的、保護自己的，甚至反對罷免的，他們並沒有進步。

有些人會說：「我會在第三階段投票，我不敢參與連署，怕被查水表！」這就是從個人利益出發的自我保護，不能說是錯，但以修行的標準來看，這要打折扣，佛法不講空泛的和平與慈悲，而是要實踐，要有行動，連署是最基本的實踐，如果連這個都不願意做，那講再多高深的佛理都是空談。

當然有些人會說：「人是可以進步的，只是需要時間！」但他認為人性有太多自私、懶惰、愚痴、邪見、嫉妒、我慢……這些煩惱天天在心裡打轉。這種就是曹董講的「賤民心態」，這些人不在意立委亂搞，沒遇到真正的打擊是不會改變的，只有等到中共真的打過來吃到苦頭才會醒來，但那就太遲了！因此，大罷免從心靈層面看，雖有進步但仍有限，這份提升能不能擴大，關鍵不在於結果，而在於我們能不能修這顆心，否則一切努力，可能都只是浮光掠影。

這次的罷免運動從「質」的面向上而言，公民素養雖提升不多，若從「量」上來看，確實增加了很多。這次的大罷免遍及全台，參與連署的超過一百二十萬人，整個運動歷時一年，規模與時間超過太陽花學運，這是一種社會動能的外延，但尚非公民素養的深化。梵因法師認為，一般人或多或少會基於愛台灣、愛子女的情感動機，這樣的情操雖真誠，但這種愛若不被佛法滋養，不容易長久。真正的心靈進步，人們不只要在理念上響應，更要在矛盾、在困頓中，依然不失初衷、不起瞋恨、懂得放下我執、看見大局，真能民主深化。

他批判了大部分的修行者都「離境而修」：「當你出生在台灣，面對這麼重大的歷史時刻，卻選擇退居山林、作些表象的閉關，這其實是逃避。」他認為真正的修行不是與世隔絕，而是在亂世中仍不失慈悲與智慧。「你不進入這個境界中修行，那你修的就是虛的、假的。」

## 來自罷免現場的眾生相

談到若不參與罷免會有什麼損失？師父直言：「最大的損失就是——沒有任何心靈上的成長。」他指出，那些選擇旁觀、不願面對現實挑戰的人，往往陷於自己的惰性、恐懼、自利、慣性與煩惱中，這樣的人對不義視而不見，對內在的墮性束手無策，是「被自己的煩惱習性牽著走的人」。

他再引用曹興誠「賤民」的說法，這是一群「被不公義控制還感到滿足的人」，「他們有千百種理由選擇不動，但其實就是懶惰、自私與愚痴而已！」他說：「你若能站出來，無論是面對人性中的怯懦，還是外部現實的壓迫，那就代表你開始突破自己的習氣與邊界，那是公民素養的開始，是靈性的起步。」

梵因法師同時點出了警訊，那就是與太陽花學運相比，年輕世代參與相對偏低，他認為這和中國對台滲透有關，這滲透不只在宗教、媒體，乃至社群網路有具體成效，也讓年輕人對公共漸趨冷感，甚至產生錯誤認知與價值混淆時，台灣的國安與民主根基便面臨更深的危機。

梵因法師在第一線的連署現場，也看到了許多令人動容的行動：

### 義無反顧提供連署點的賣麵老闆

有位經營客家麵食的小吃部老闆——余能生先生，當罷免團隊詢問是否能將他的店面作為連署據點時，他沒有多想立刻答應。儘管他的鄰居是國民黨支持者，曾多次找麻煩，「志工占到鄰居一點空間，鄰居就翻臉了！但余老闆總是出面協調，一次次去安撫、溝通。」不僅如此，他還主動把自己店裡的位置讓給連署民眾使用，即使這影響到他的生意，他也不在意，相信這是各選區的一個縮影。

## 八旬老教師：一袋饅頭、一顆為台灣堅定的心

在連署現場，一位八十二歲的退休老師每日堅守崗位。她吃素，每天中午只帶著一袋饅頭，就這樣簡單度日，無論是風吹日曬，還是下雨寒冷，她都從不缺席。這位老師來自台南，子女都在海外也很有成就，但她就是看不慣國民黨出賣台灣的行徑，於是加入志工團隊。「每個民眾來，她都會親切招呼，耐心說明。這種完全無私的奉獻，才是真正的台灣英雄。」在現場，一待就是一整天，有時連坐的地方都沒有，得站上數小時，但她始終靜靜地守護著台灣。

## 七旬老伯的機車之路：一人一車三百份

一位七十多歲的老伯，天天騎著摩托車在大街小巷穿梭，逢人就問願不願意連署。他每天一大早出發，直到夜晚才離開，尤其過年前後幾天只有八度氣溫，寒風刺骨，但他仍然不辭辛苦、不怕拒絕，也不怕冷眼，只要見人就說明大罷免的意義，簽回來的連署書，保守估計也有三、四百份。

## 藍營選區年輕里長的逆風行動

一天一位年輕人帶來二、三十份連署書，志工一眼就認出是他們里的里長，而這是一個來自深藍里的里長。他知道這樣做會遭受很大的壓力，但他仍不間斷地送來連署書，也總是低調交付，然後轉身離去，他的行動令人敬佩，也是無名的台灣英雄。

## 在衝突中的志工修養

現場的志工，在面對挑釁與干擾時，多能展現風度與包容，這是台灣公民社會很大的進步。默默行動的志工，包括家庭主婦、退休公務員、街頭阿姨、鄰里爺爺，每天主動拉票、宣講、推連署，他們無畏人情壓力，不怕被貼標籤，只為一個念頭：「不能讓台灣沉淪。」相對於一些有知名度的藝人、政治人物、宗教領袖卻選擇沉默，這些人才是真正的台灣英雄。

## 台灣站在人類文明最大的試煉場上

中國是一個人類歷史從未出現過的巨大強權，不論就軍事、科技或經濟，而台灣直接要面對這樣的敵人，這是人類歷史上，民主制度最艱困的課題。若台灣在這場歷史考驗中能堅守得住，不僅對台灣人是一次勝利，也會向世界宣示民主制度是抵抗得過軍事武力的。

梵因法師認為，一個強權勢力加諸於台灣，必然激起人民內心的反抗意志。「這不是哪一個人策動得出來的偶發事件，而是歷史在當下推演出的必然回應。」師父語重心長地說，「當壓迫的力量越強大，真正有意識的人民，就越不可能沉默。」他補充道：「除非整個社會已完全失去了對自由的渴望，除非所有人都被壓成了賤民，否則這種反抗的種子，終究會持續。」

而他所謂的「賤民性格」是危險的，一種習於服從、害怕權力、甘於被統治的狀態，一旦社會被這樣的心態侵蝕，那麼民主就形同虛設，反抗的意志也將從根本熄滅。台灣還有救，是在於它尚未全然沉淪；至少，這場大罷免中仍有數千名志工、超過百萬連署的民眾，象徵著民主尚存的生命力，也證明了公民社會仍有向上的動能。「所以這場行動是歷史的必然，它不只是對抗政黨與權貴的操作，更是這塊土地上真正熱愛自由的人們，對命運的回應。」

台灣人要對抗強權，必須經歷一場心靈的修行，「要征服世界，先征服自己」。當站在對抗強權的最前線，更要回過頭來觀照內在，如果內心沒有足夠的調伏力與覺察力，一旦考驗的境界來襲，是無法抵抗的。對於當代台灣人，尤其是在大罷免這樣的公共行動中，梵因法師給出簡明的建言：「在這個煩惱四起、社會動盪的時代，真正的進步，不只是外在制度的改革，更來自於人心的轉化。」

許多人在生活壓力與世俗困境中苦苦掙扎，卻難以找到心靈的出口。梵因法師指出，人若只是日復一日地在俗世中打轉，終將陷入更深的困境，要如何在俗世中修行呢？對於無法遠離俗世、日日參禪閉關的人來說，他給了一個建議：參與有益社會的「志工行動」，就是一種修行的方法。但他也強調「選擇對的團體」至關重要，判斷的標準不在其規模大小，而在於它「無私」與「公益」的程度，「一個團體若大部分時間都為大眾的利益著想，那就值得投入；若一個團體的幹部每天都在追求名聞利養，舉著再大的旗幟，都已偏離正道。

「你看到那些罷免的志工，在豔陽高照或飽受汙衊威脅的情況下，依然站上街頭，那就是菩薩道，為正法、為大眾而行的精神。」這種行動，並非為了眼前的回報，而是發自內心的「菩提心」，他提醒，若團體能保持這樣的初心，便自然是一個值得投入淨化心靈的場域。

我們內在淨化的力量，若跟不上這樣的挑戰，煩惱太多，情緒未淨化，那民主就還有進化的空間。因此不要只談罷免的成敗，要談這場運動如何成為調伏內心的道場，這場公民行動背後的意義，不只是為了罷免誰，更是為了讓每個人，都成為更成熟的公民。

# 大罷免的第三號志工

## ——八不居士曹興誠

採訪・撰稿／簡端良

曹興誠自號「八不居士」，「八不」引自龍樹菩薩《中論》的概念，「不生、不滅、不常、不斷、不一、不異、不來、不去」，以此八不「總破一切法」。他將此「八不」轉述成通俗的語言，是為「不大不小企業家，不多不少收藏家，不高不低佛學家，不得不說為大家」。曹興誠在全台大罷免的行動中，不畏不懼，從佛法的修學任運自在，自謙是第三號志工，實則為大罷免志工的精神領袖。

## 佛法為心民主為志的第三號志工

台灣面對中共步步進逼與內部投共勢力的滲透，整體社會處於高度緊繃與焦慮中，渴望找到內心安定力量的人，許多走向宗教尋求慰藉。但曹興誠認為，沒有宗教信仰的人也有一條路，那就是「禪宗」，那是超越宗教形式、直指人心的修心之道。

禪宗認為「每個人本自具足安頓自己的力量」，以《六祖壇經》的話來說，「外離相即禪，內不亂即定」，不被外在得失、毀譽所牽動，面對困境仍能安住當下，這就是禪的智慧與力量。用現代的語彙來說，就是「知足常樂」、「感恩當下」、「淡泊名利」，在日常中不斷練習「止觀」、轉念、返觀，就能逐步放下對成敗的執著、對他人評價的依賴，以及對未來的恐懼。這樣的修行，使人能活得更自在、更有彈性，如遊戲般從容地面對人生，這就是遊戲三昧——「帶著幽默感與慈悲心活在世間的能力」，曹興誠認為在躁動紛亂的時代，這正是我們最需要的力量。

他在二階罷免甫啟動時，與梵因法師在立法院開了一場記者會，認為真正的修道人學習慈悲與智慧，就要積極地投入大罷免、反極權救台灣。他說：「佛教對公共事務絕不採取事不關己的態度」，他舉了《六祖壇經》一段話：「佛法在世間，不離世間覺；離世覓菩提，恰如求兔角」，用來說明「修行佛法，不是只求升官發財，追求的是去除貪嗔痴、超越自私，走向慈悲智慧」。「慈」是希望眾生快樂，「悲」是希望眾生免於痛苦。

曹興誠把修行者追求的慈悲與智慧，化身為公民行動，投身台灣大罷免運動，他直言「不自由，等於死」，疾呼罷免親共立委是台灣公民保衛民主、反對極權的責任。他以「八不居士」遊戲三昧的心境喚起公民覺醒，強調這場行動是信念與勇氣的集體實踐，當頭棒喝直指國共邪惡的本質，激勵台灣人民以清明的理性與堅定的信仰，走在保台護主權的道路上，拒絕內心的沉淪，迎向人性的自由與尊嚴。

## 成立「反共護台志工聯盟」罷免親共立委

二〇二五年一月二十二日，曹興誠與台灣教授協會會長陳俐甫、台灣教師聯盟理事長潘威佑、台灣醫師聯盟理事長羅浚晅、台灣社暨南社長翁銘章、網紅八炯等人，在台大校友會館宣示成立「反共護台志工聯盟」。記者會由黃清龍理事長主持，集結超過二十九個公民團體，三十四位代表與會，旨在聲援全台大罷免行動，目標是罷免在國會中「毀憲亂政」的立法委員。

他在記者會中表示，中共無須出兵，只要透過內部代理人即可顛覆台灣，傅崐萁率十六名立委朝拜中共政協主席王滬寧，更是公開的通敵行徑。這些親中立委玩弄「九二共識」，掩飾中共「併吞」的陰謀，打著「反台獨」

旗號，卻不敢譴責中共軍事威脅。篡改憲法用語，把「一中原則」扭曲成中共統一的「一中收復論」，公然為投降鋪路。

曹興誠指出，專制極權是農業社會的產物，千百年來，統治者靠謊言與暴力控制人民、壓制知識、壟斷權力，使絕大多數百姓終其一生勞動，卻無法擁有尊嚴與自由。這種體制，就像地表的爬蟲類，難以適應現代文明的進程。

十七、十八世紀啟蒙運動以來，人類社會大躍進，人權、平等、民主觀念萌芽並展翅，人類如同爬蟲類進化成為能夠自由飛翔的鳥類文明，美國一七八九年共和憲政的誕生就是這場文明進化的起點，而一九九六年台灣總統直選，正式擺脫威權桎梏，也展翅飛入現代自由世界。可悲的是，國民黨卻仍停留在爬蟲時代的賤民思維當中，無法進化成公民，他們對中共低聲下氣，甚至成為幫凶，口口聲聲「血脈相連」，彷彿只要有血緣關係就要一起生活，完全無視應尊重人民的自由意志。

更可怕的是，中共政權就像是現代最殘暴的爬蟲怪物，連自己的外交部長、國防部長說消失就消失，毫無人權與法治可言，這樣的體制竟是國民黨嚮往回歸的。更諷刺的是，他們轉頭羞辱那些主張民主自決的台灣人民是「挑釁」、「危險分子」，是在破壞和平。事實上，真正危險的是這些仍用爬蟲思維運作的投共政黨，他們不僅不懂民主，更是厭惡民主，害怕讓人民當家作主，只希望壟斷權力、要人民噤聲順從地當賤民，來永保特權。因此，大罷免不是報復，而是自救，將這些爬蟲式政客請出立法院，要他們學會當自由的飛鳥，也是對自己最低的保護。

因此他主張：「藍色應是反共，不是舔共」、「綠色應是民主，不是獨裁」。那些自稱藍、綠而向中共獻媚、傳遞統戰訊息的人，內裡就是「紫色偽裝」，極權滲透的幫凶，因此要藍綠攜手，「罷免紫色立委」，讓國會回歸人民，而非淪為北京的代辦處。他也呼籲：「現在是自己救自己的時候，投下一票，就是守住自由；沉默不語，將來只能以血與淚奪回今天所失。」

## 大罷免讓台灣人從奴隸變主人

曹興誠向大家說了一則寓言：一個臨終者向神明祈求，希望以任何代價換取延命，神明同意了，但他一覺醒來變成了一頭豬，他痛哭質問：豬能長生不死嗎？神明回答：「萬物終將一死，豬也無法逃過屠宰的命運」。這時他懊悔萬分：既然無法永生，倒不如以人的姿態、帶著尊嚴走完一生。

當一個人為了逃避死亡而出賣自由與尊嚴的時候，也會失去人性。自由，是作為一個人類最基本的尊嚴，能選擇、能抵抗，才能彰顯人的價值，「不自由，毋寧死」這句話，是美國獨立戰爭對殖民的吶喊，若失去自由，人猶如牲畜般，死亡反倒成為一種尊嚴。

曹興誠說，中共政權是無自由的政體，不論是國家主席劉少奇，還是接班人林彪，皆可一夕遭清算、橫死異鄉，對人民更毫無保障，但台灣內部居然還有一群人，妄想以「和平統一」之名屈服於中共。他們說：「不要挑釁，不要台獨」，其實就是「不要自由，不要抵抗」，用「和平」包裝征服，為共產極權鋪路，只求個苟活。這種論調就如寓言中那頭豬，活著，卻早已喪失尊嚴與主體。

就是基於這種理念，曹興誠呼籲台灣人，必須用行動表明：我們要自由，不做奴才；我們要未來，不回封建；我們要尊嚴，不願當豬。

他也指出，民主國家強調主權在民，保障言論、新聞、宗教、正當程序等基本人權，擺脫殖民壓迫，建立真正屬於人民的政府。相對地，當今中國人民仍受中共極權壓制，生活在謊言與恐懼中，毫無基本人權。魯迅也曾指出：中國人的奴性根源於封建專制、儒家文化與對革新者的敵視，這種奴性，在台灣部分人身上依然存在。「我是中國人」的自我矮化，以及對台獨與民主價值的仇視，正是這種奴性的新形態。

他認為「公民」不只是法律上的身分，更是一種「主人意識」的宣示。知道自己有權參與決策、有責任守護國家，而「奴隸意識」則會面對暴政選擇沉默、順從，只知抱怨、不願行動。罷免投共立委，不是出於仇恨，而是身為主人的必要行動：「我們不容那些甘為奴僕、認賊作父的政客，占據台灣民主制度的位置」。他說：「這場大罷免，不只是一次選舉技術上的演練，更是一場價值重建與精神覺醒，當志工站上街頭、風雨無阻地收集連署，每一筆簽名都象徵著一份主體性回歸」。

曹興誠認為，接下來國民黨與中共勢必聯手反撲，動用謠言、恐嚇、仇恨動員等紅衛兵式手段打擊台灣人。但沉默的奴隸無法壓制清醒的公民，台灣公民不會退縮，反而藉此機會清除內奸，這是台灣集體宣示「我們是國家的主人」的歷史時刻。這樣的公民意識若也能在中國大陸萌芽，中共極權的崩潰也只是遲早的事。

## 執政無望，只想召喚中共來台的政黨

在曹興誠看來，當國民黨與民眾黨在國會聯手刪預算、破壞憲政制度、癱瘓行政機關時，真正的圖謀早已昭然若揭，他們根本無意治理國家，只想摧毀體制，為中共創造「平亂入台」的藉口。一個想要長遠治理的政黨，不會動輒抹黑總統為「獨裁者」，不會羞辱法官、踐踏司法，更不會廢除憲法法庭、放任立院失序。而國民黨立委的行徑，不僅與憲政精神背道而馳，更如同模擬內應的演習，他們仇視一切民主成果，否定總統選舉結果，目的不是問政，而是為中共營造「台灣內部動盪」的宣傳素材。

他們口口聲聲說要「拚經濟」，卻對中共意圖沒收台灣人民財產、強行併吞主權毫無警覺。當中共憲法已寫明「收復台灣」，準備對我們的家園動手了，國民黨還在倡議「兩岸一家親」，這種行徑的政黨根本不配成為民主社會的選項。如果國民黨真的心繫中華民國，請先表明效忠的是台灣而非北京政權，若連這一點都做不到，就等同坦承效忠的是台灣的敵人——中國共產黨。

國民黨在兩蔣時代高舉「漢賊不兩立」，誓言消滅萬惡共匪，時至今日，反而成為中共的傳聲筒與馬前卒，既喪失黨魂，又失去信仰，卻仍以似是而非的言辭混淆視聽。

以朱立倫為例，他說：「中華民國不是一個名稱，是一個整體，《中華民國憲法》是最重要的基礎，如果每天違憲，那就不是中華民國了。」曹興誠認為這些話表面正氣凜然，實則邏輯錯亂，因為國家存在的根本是人民、主權、政府與疆域，而非僅是一部憲法。且美國總統傑佛遜早就指出，憲法應每二十年修改一次，以防前人過時的制度束縛後人。朱主席還批賴清德總統「兩岸互不隸屬」違憲，卻忘了「一個中國」若成立，就只能留下一方，朱要主張中華民國是一中，就應致力消滅中華人民共和國；若主張中共是一中，就是認同中共消滅中華民國。朱主席一面高喊「守護中華民國」，一面卻又寧與中國共產黨合作，欲消滅仍在遵循《中華民國憲法》的民進黨，這邏輯非常顛倒。

曹興誠認為黑格爾在十九世紀即評價中國歷史為「君主更替的無盡重複」，缺乏自省與獨立精神，如死水一般無法進步。台灣受多元文化洗禮，民主自由已成為體質，朱主席卻要放棄這片活水，回歸中國的死水文化，實在荒謬。國民黨把「中華民族」、「炎黃子孫」的概念奉為信仰，殊不知「中華民族」是梁啟超創造的政治概念，歷史上的黃河流域，有鮮卑、沙陀、蒙古、回族、滿族……歷代王朝對人民皆施行血腥統治，披上「中華民族」外衣的中國歷代王朝，有什麼理由要自由民主的台灣回歸？

他說，國民黨只是想把台灣拉進中共的懷抱，那是政客與利益集團嚮往的「祖國」，不是台灣人的，台灣屬於願意守護自由與尊嚴的人民所有。國民黨若真還記得兩蔣反共遺訓，就應該起身抗共，而不是與病毒為伍，否則，請別再自稱是中華民國的守護者。而當國民黨不再反共，就是對中華民國最大的背叛。

## 共產黨來了會怎樣？歷史已給台灣警訊

中共吞併台灣真的會讓台灣人遭受極大的苦難嗎？中共《環球時報》總編胡錫進就公開講過：「當解放軍登陸台灣之後，要殺光台獨。」中共駐法大使盧沙野也說過：「要對所有台灣人進行再教育。」也就是說，崇尚民主法治的台灣，在中共統一後，台灣人都要接受再教育，「糾正」自由的靈魂，宣示效忠祖國。

有些人可能會天真地認為，自己不反對統一，和對岸也有些往來，統一後中共應不會對自己動手，這是種精緻利己主義者的想法。曹興誠指出，當共產黨進城，命運將不再由努力或善良決定，而是由「出身」與「立場」決定。歷史學者馮客在《解放的悲劇》中指出，中共一上台即會對人民貼上「好」、「中」、「壞」三類標籤，與六十種階級，只要是「壞分子」，即使無辜，也可能遭到祕密處決，永世不得翻身。中國在解放後一年內，光是在河北省就有兩萬人被祕密處決。一九四七至一九五二年間，在土地改革的名義下，全國至少一百五十萬至兩百萬人遭殺害，逾千萬家庭遭鬥爭、財產沒收。包括曾協助中共的山西牛友蘭，仍遭酷刑致死，只因其社會階層無法符合革命標準。

除此之外，書中也記錄了中共在奪權後如何清洗、迫害成千上萬曾經效忠它的人，從劉少奇到林彪，從胡錦濤到李克強，即使位高權重，下場都一樣。因為這套體制只相信鬥爭，缺乏信義與憐憫，這些利己主義者還會幻想統一後自己仍能存活嗎？

一九五〇年，毛澤東下令全國殺人，二〇二二中共官員還公開叫囂「殺光台獨」、「再教育台灣人」。而當今台灣國會，已有紅藍白政客在為中共鋪路了，「統一」不是和平共處，而是階級清洗、言論封殺與人性毀滅的開始，若今日仍選擇沉默，將來便只能眼睜睜看著子女成為「土改」下的賤民。他呼籲台灣人必須覺醒，現在就行動，罷免投共政客，守住自由與主權，這是一場文明與暴政的生死抉擇。

## 國共可知《世界人權宣言》為何物？

中共不斷對台軍演，以武力恫嚇台灣，曹興誠認為中共像一個披著現代裝備的古代亡靈，停留在封建帝制的意識形態中，妄圖以軍事手段強迫他人屈從。如果中共想進入國際社會，應從頭補課，先讀一遍一九四八年聯合國通過的《世界人權宣言》。

這份宣言最關鍵的兩個原則，是「主權在民」與「人民自決」。「主權在民」就是國家主權來自人民，而非政黨，人民有權定期以選舉的方式，選擇自己的領導人，決定自己的未來，這不僅是道德上的正義，更是國際法的基石。「人民自決」則讓二戰後全球大規模去殖民化，主權獨立國家從六十多個增加到今日近兩百個。但可惜的是，中共政權至今仍違逆這個普世潮流，堅持「槍桿子出政權」，否定人民的選擇權，壓制人民，以「一中原則」否認台灣兩千三百萬人的自決權。美國與歐盟也已多次表示，中共對台灣並無主權依據，台灣與中國互不隸屬，台灣的政治地位，應由其民主選出的政府代表，中共無權干涉。

可悲的是國眾兩黨仍呼應中共恐嚇的口號：「台獨會引戰」，事實上升高戰爭風險的是中共的軍演與武力威脅，他們把捍衛自由當成罪行，這不是理性而是無知，不是和平，而是奴性與自私的體現。稍作了解就會知道，中共早已陷入內外交困：內部經濟崩潰、失業高漲、社會不滿激烈蔓延。外部則受到美日歐聯合圍堵與制裁，根本沒有對台動武的能力，只剩虛張聲勢製造恐懼。台灣的真正危機，不是中共的武力，而是台灣內部那些仍選擇沉默的投降主義者。

因此，曹興誠呼籲中共政權與台灣內部所有附和中共者，好好讀一遍《世界人權宣言》，理解什麼是人的尊嚴？什麼是自由？什麼是現代國家的基本價值？只有這樣，我們才能不再做歷史亡靈的附庸，而是真正的現代人、自由人、民主人。

## 大罷免是守護理智的開始

曹興誠以清晰的邏輯推動大罷免，他認為在邏輯倒錯的政治氛圍中，大罷免不僅是捍衛民主的行動，更是對理性的集體守護。許多政治謬論，只需反向思考，即可一眼識破。例如：「台獨會引發戰爭」，只要反問：若台灣不主張台獨，中共就會放棄武力嗎？事實是中共「絕不承諾放棄武力」，「台獨」根本上就不是出兵的前提，不論主張什麼，中共從未放棄過對台侵略的野心。又如朱立倫說「民進黨變綠共」，他認為若照此邏輯，所有曾染疫的人，都會成為「病毒的幫凶」，這類論述是對選民智商的公然侮辱。他說自己早已被中共列為黑名單，誰與共產黨保持距離，誰在幫中共塗脂抹粉，台灣人民看得清楚，朱立倫這說辭就是邏輯顛倒。

大罷免是終結國民黨欺騙的歷史時刻。中共在二〇一八年修改憲法，宣稱「台灣是中華人民共和國的一部分」，賴總統以「兩岸互不隸屬」回應，清楚表明立場，捍衛中華民國國格與台灣人民的尊嚴。國民黨不僅未譴責中共，反倒攻擊賴總統「台獨」，這邏輯是自相矛盾。又如蔣萬安口口聲聲說要保護中華民國，卻不敢承認中共是敵國，反而視堅持主權的人為敵，他們的言論都充斥著邏輯的謬誤。大罷免，是台灣人民戳破這場歷史欺騙的關鍵時刻，這不僅是選票之戰，更是價值與真相的審判。

二〇二五年四月十九日在凱道的萬人集會上，曹興誠讚揚參與大罷免運動的志工，不分晝夜、風雨無阻地奔走街頭，從資料核對、文宣設計、教育訓練到街頭連署、宣講說明。尤其許多志工是女性，不是為了名利，而是為了守護孩子的未來、不讓後代成為在中共極權下喪失尊嚴的賤民，她們不是在求神保佑，而是親身實踐「護台媽祖」的精神，將慈悲與勇敢化為行動，就是「活著的媽祖」。

他也強調，中共不配代表中國文化，真正保存媽祖信仰與關公精神的，是自由台灣。台灣的民主與宗教自由，才讓這些文化資產得以延續與光大。中共政權只會利用宗教，不懂得尊重信仰。作為罷免徐巧芯的領銜人，曹興誠明言：「老道下山，為民除害」。他自己無懼中共的抹黑與威脅，堅信「多行不義必自斃」，台灣人民終將以選票清除這些通敵內奸。

面對中共的武嚇與滲透，曹興誠呼籲大家，學習媽祖、關公、菩薩布施的精神。他說：「『布施』不只是『財布施』，更重要的是『無畏布施』，就是給人信心、讓人不再恐懼。」「大罷免」就當代「無畏布施」的具體實踐，結束立法院的亂象，讓台灣人免於對未來的恐懼，他也發願要用行動守護台灣，抵抗中國共產黨的入侵，讓這片土地的人民安居樂業。

他稱許志工是當代台灣精神的守護者，這個島嶼的媽祖與關公，以血肉之軀擋住紅色滲透的浪潮。這場全民罷免，是台灣民主信仰的集體覺醒，人民以尊嚴行動所點燃的聖火，不僅要捍衛自由，也要潔淨政治，重新找回「為人民服務」的真義。

# 從養蜂人到領銜人的學者

## ——陳世雄校長

採訪・撰稿／簡端良

陳世雄，是明道大學退休校長，也是第一個站出來聲援太陽花學運的大學校長，他第一時間為學運定調為救國行動，而非暴民亂政。二〇二五年的今天，台灣的大罷免行動中，他再次站出來，擔任彰化罷免謝衣鳳的領銜人，只為忠誠地實踐他一生的教育理念：面對不公義若保持沉默，那就是對不起自己一生的理念。

## 家人支持，於是義無反顧

「我太太去年開刀，接著就進入化療，一整年下來頻繁跑醫院，我那時候感到很愧疚，就對她說，今年開始不再接課了，大學所有的課全推掉，多陪她走走，爬山、玩水，到處看看。」

簽完連署後自認已盡到公民的義務了，沒想到隔天彰化的志工來找他，希望他能擔任領銜人。這個突如其來的邀請，讓他陷入掙扎，但他想起對學生說過的話：「面對社會上的不公不義，如果不敢表達自己的意見，那就是幫凶！」「我教學這麼多年，結果真正輪到我自己面對時，卻選擇退縮，要怎麼面對學生？」

當他有這種想法時，夫人的回應是如此肯定：「都沒人要做，那你去做也好！」「經歷了這些事，對人生會看得透徹一點。人生不長，不去做一些有意義的事就太可惜了！」陳校長非常感謝太太的支持。

女兒不但支持爸爸，更親身投入罷免志工。她說父親還在中興大學任職的時候，就有過和顏清標正面對決的經驗，說穿了也沒什麼，就是「不怕他」這樣而已，黑道講的是「叢林法則」：當你不怕他的時候，他就會開始怕你了。

陳世雄的女兒說罷免的最後一個晚上，他們「光復」了溪州夜市的故事：二階連署剛開始的時候，溪州夜市怎麼擺攤都會被趕，攤販多是「他們的人」，最後只好取消了溪州夜市的點，到了最後一個晚上，幾位巷戰的志工決定回到這裡，分兩組，一組是「廣告組」，穿背心、拿手牌在夜市門口不斷喊口號；另外一組是「簽署組」，不穿背心，拿著寫字板進去，逢人就問要不要連署。

「已經是最後一天了！再給自己一個機會！再給溪州一個機會！」「保

護自己、改變溪州，兩分鐘，護一生！」她們這樣此起彼落地喊著，民眾還是不太願意（敢）來簽，甚至連看都不敢看一眼，但有些東西還是悄悄改變了。這晚沒有人趕，也沒人嗆聲，活動結束前，一位志工建議邊喊口號邊繞夜市，畢竟是最後一里路了，真的想做點什麼。於是她們就穿著背心拿著手板，一邊喊口號，一邊繞夜市三圈，很意外的沒有人趕我們，也沒有人嗆聲，活動和平圓滿地落幕。

無論最後結果如何，這次大罷免已經帶來了一些地方生態的衝擊。陳校長的女兒路希相信，溪州和南彰化都會慢慢翻轉的。

## 知識分子的抉擇：從太陽花到大罷免

「我從年輕時，就有一個很簡單的想法：希望每個人都能像我一樣自由，快樂地生活。」陳校長說。他認為自由是人的本能，就像動物也想掙脫束縛、渴望空間。但民主不是天生的，需要後天的培養，他回憶年輕時在台中太平國小聽黃信介等黨外先驅演講，從中受到啟發，理解了民主的可貴。過去國民黨以「反攻大陸」為名，營造出虛構的政治幻想，但實際上與共產黨半斤八兩，「反共的口號只是麻痺台灣人，自己不反共，只是萬年執政的騙術。」

他回憶當年太陽花運動當學生進入立法院後，社會輿論擺盪，各界觀望，而媒體與政府也準備對學生貼上「暴民」的標籤了。那時候記者來問他怎麼看這件事，他意識到必須以校長的身分公開聲援學生：「我很清楚知道，如果學界沒有人站出來為學生說話，國民黨就會把這些學生描繪成不理性的暴民，這會讓他們承受很大的壓力。」

他選擇表態：「學生頂多是『不禮貌』，但他們的行動是出於愛國，是在糾正馬英九政府的錯誤。他們站出來反對的是不透明的服貿協議，以及張慶忠十秒鐘倉促通過的立法程序。」這樣的定調，打破了學生被汙名化的危機。此外，他還透過朋友間接向王金平傳達：「無論如何都不要驅離學生！」他認為，學運行動本身是歷史賦予台灣的轉機，「那是一種天佑台灣的機緣」。

他說：「民主社會中最需要的，不是天賦異稟的英雄，而是有勇氣表態的人；社會不進步不是因為壞人太多，而是好人太沉默。」對他來說，表態是一種教育的延續，是身為知識分子的責任，也是對下一代最大的支持。

然而現在的民主社會並未盡公平，他在大罷免的過程不斷質疑：為什麼家族勢力可以壟斷政治權利，包山包海圖謀私利而讓彰化進步緩慢？為什麼是這些優秀的志工在街頭奮戰，卻不是這些立委在捍衛國家？只要社會這種不公平的現象還存在，就不能說台灣的民主已成熟，因此他選擇投入罷免的行動，為打造一個更公平的社會略盡心力。

## 罷免是基於愛的實踐，而非仇恨動員

「國民黨現在這個樣子，其實是很可憐的！」因為這個政黨墮落的背後，其實是一種價值的迷失，他認為罷免不是懲罰，而是一種警醒與救贖，把他們從地獄拉出來，避免跟中國共產黨一起沉淪。他直言國民黨內不少人仍對中國存有幻想，但事實是，中國的集權體制正遭全球圍堵、經濟與內部信任危機也日益嚴重。「全世界都在處理中國對自由世界的威脅，他們還沉迷其中，只能說還沒開化，沒受到民主的啟蒙。」

他認為民主行動應該連敵人一起拯救，不是為了利益，而是為了讓社會不要持續沉淪在錯誤的信仰與體制中。

因此罷免從來就不是仇恨的行動，而是出於對社會的關愛與對民主的守護。他說罷免的英文是 recall，就像汽車：「當一部汽車出現設計瑕疵、存在安全疑慮時，廠商會主動召回進行修復。而現在傅崐萁這些『壞掉的車子』國民黨不但不主動召回，還支持他們胡亂衝撞，不只傷害社會，也會讓自己翻車。」政客若偏離民主軌道，人民就有義務把他們罷免，這不是報復，而是一種公共責任。「對他們也是一種救贖，讓他們不再沉淪於錯誤的幻想，這是民主最大的寬容。」他強調，罷免不應被簡化為仇恨的展現，「我從來不是出於恨意，而是出於責任，是基於愛。」他也再次重申，「我對謝衣鳳沒有私人恩怨，但我不能容許她代表彰化配合傅崐萁在立院亂舉手，就像有缺陷的機器一樣，該退場就要退場。」

## 地方勢力在鄉民心中內建一個小警總

陳世雄坦言，長期在教育體系的養成下，許多人有計畫地被洗腦成功了，尤其台灣師範體系培養出來的老師，普遍較不具備批判性思考的能力。

他將源頭追溯到蔣經國，認為「蔣經國知道要控制社會，就要從教育下手，所以當年各大師專、師院的校長幾乎都是政戰幹校出身的，這些人受的是忠黨愛國、服從體制的教育，成為國民黨最穩固的基層代理人。」這是國民黨文化與思想教育最成功的地方，它不只是灌輸大中國意識，同時又建立一套升遷與獲利的體制，你信他就升官發財，不信他就被邊緣化。

他進一步指出，這套控制模式不只存在於教育領域，也滲透到地方政治與派系網絡，像雲林、彰化、花蓮、南投、苗栗這些地方，政治結構往往是一脈相承的政治世家，許多勢力從日治時期延續下來，國民黨就透過利益分配與黑道合作，進一步鞏固地方權力。

他說：「國民黨來台後，就先清除精英，再培養地方代理人，無論是世家或幫派，給他們資源、特權，來幫黨管理地方。」

台灣民主到現在出現一個很大的問題，很多地方都是黑金家族在掌控，這壓抑了我們的自由，讓大家不快樂。他女兒也擔任志工，她說她擺攤的時候，有一個人要來連署，但遠遠地看到有個人盯著他，突然有點害怕，拿了六張連署書快步離去。他走了之後，那個盯著他看的人就走到連署攤來說要連署，我女兒就跟他說，你剛站在那裡看著，他以為你在監視他就跑掉了！結果他說：奇怪！罷免是公民的權利，怎麼會自己嚇自己呢？

所以鄉下地方就有這問題，地方勢力的存在會阻礙人民行使公民權，所以我們要打破，「就像我以前在學校任職的經驗，對抗顏清標的唯一方法就是不要害怕，如果要活得幸福自在，這些勢力都不應該出現在我們的生活中」。

## 鄉愿是對下一代的傷害

「我和謝衣鳳的母親，其實都很熟。」陳世雄說，「她是明道大學的校友，曾擔任校友會會長。我從中興大學退休回來那年，她為我設宴接風，席開幾十桌，也請了許多地方鄉親。」這份交情讓不少人對他的罷免行動感到疑惑：「你們不是朋友嗎？怎麼會出面推動罷免？」他說：「這不是私人交情的問題，面對國家安全，私人情誼都無關緊要。」他在宣講中這樣說：「如果我們認同自由與民主是台灣社會的核心價值，那就要放下交情的考量，因為我們有更重的責任。」一些鄉親回饋：「大家多少與謝家也有點往來不敢表態，但聽校長這樣講，才意識到這是國家安全的問題，不該把人情當成不表態的理由。」

陳世雄說：「謝衣鳳其實是個聰明人，懂得低調也懂得做人。」特別是在關係錯綜複雜的鄉村，「重人情、重禮數，謝家靠著送禮、拉交情、建立關係，把地方的政經與媒體網絡都掌握得很穩。」從而建立一種「鄉愿」的結構，面對違背公共利益的作為，鄉親也不輕言表態，一些鄉親會說：「謝依鳳從小他們就認識，人不錯，也很乖。」但問題是，鄉親看不到她在立法院是跟著傅崐萁，投的都是關乎國家安全的法案。

「我必須誠實地告訴鄉親，鄉愿會害死我們台灣的下一代。」陳世雄認為民主社會不是靠人情維繫，而是靠價值與原則支撐，若沒有這層認識，

「民主與自由，很可能就會在鄉愿風氣中一點一滴地流失。」他指出，當今國際社會高度警戒中國的威脅，國民黨居然還死抱著中國的大腿不放，他們推動這些法案，會讓國際社會誤以為台灣要向中國靠攏，世界各國在看，台灣要和自由世界站在一起，還是選擇靠向中共。因此，「大罷免」是對外的集體表態，「要讓全世界知道，台灣人選擇自由與民主，而不是向中國低頭。」

陳世雄說他無法接受這些立委赴中去見王滬寧，自我矮化，然後回台一副趾高氣昂地強行通過傷害台灣的法案。他舉陳玉珍為例：「她說二〇二八年台灣還有沒有選舉都不知道！」這是在釋放一個訊息：「我的背後有中國共產黨撐腰，你台灣人最好給我安分一點！」「台灣人，難道還沒有警覺嗎？」

## 沒有參與歷史的塑造是一種損失

然而民團再怎麼努力，最終還是需要政黨的組織協助；據說各地罷免擺攤再怎麼努力也只能收到六〇%而已，另外的四〇%還是要靠組織。若這樣算起來，彰化志工們拿了一萬五千張連署書算盡全力了，而民進黨彰化只送出四千張，這比例相對偏低，若民進黨部也能拿個一萬兩千份，二階罷免就成案了。

陳校長曾詢問三位前任縣長：翁金珠、魏明谷、周清玉，邀請他們一起來台北開記者會。周清玉很快就答應，魏明谷剛開始也是說好，但到前兩天突然說他現在有黨公職要維持行政中立，就婉拒了。那翁金珠呢？她說她反對大罷免，並說她先生身體不好，所以記者會只有周清玉到而已。

「我疑惑像民進黨的林世賢都可以請假前來記者會，和魏明谷同有公職的前雲林縣長蘇治芬也可以拿出七千五百份，但為何彰化的民進黨前縣長如此消極？」至於議員的部分，李俊諭從頭到尾都掛零，本要公布他們的送件數，但彰化縣黨部擋下來。還有一個二十七歲的新科議員洪子超，選票拿一萬一千兩百三十四票，連署書只送三十七件，這些對志工的努力都是一種打擊。

陳校長說：「從太陽花學運到大罷免，都在做同一件事——救國！」

這不是對立或鬥爭，而是出於一種對土地的愛、對制度的堅持、以及對下一代的責任。「你如果也愛你的國家，愛這塊土地，那麼你就應該參與，沒有參與是一種損失；參與才是真正的獲得。對我來說，參與就是配享靈魂的尊榮。」

他強調，每個人都應該義無反顧地站出來，這場罷免，不只是一個事件，更是一場公民社會的啟蒙；不僅是對特權的抵抗，更是台灣「文明」與「野蠻」間的選擇。為什麼中國還停留在壓制與造假？因為他們不相信人民，但台灣正在向前走，愈來愈多人選擇勇敢、理性、尊嚴地參與公共事務。他說：「恐懼會讓人變成奴隸。」許多人的沉默其實源自害怕，怕失業、怕得罪人、怕被記帳，這些恐懼壓抑了言論自由，也窒息了台灣的活力。「所以這次要出來罷免，作一個示範，告訴大家，不要害怕。」

國民黨是一個不合格的反對黨，「他們一再被中國欺騙，卻還自甘為附庸，蔣經國被騙了多次後才知道要立『三不政策』，但現在的國民黨卻完全失去了方向。」他批評：「蔣經國的徒子徒孫，成為一群政治判斷力低落的權鬥者。去中國就以為自己很了不起，這才是真正危險的地方！」

## 那些蜜蜂教會我們的事

陳世雄退休後專心於養蜂，從中體會出許多人生哲學，他說：「蜜蜂是活在當下的生物，牠們一旦決定要做什麼，就全心全意去做一件事，採水就只採水，採蜜就只專注同一種花。」他特別著迷於蜜蜂選擇蜂王的「民主機制」，他說「新蜂王不是由舊蜂王指派的，而是由有經驗的工蜂，用跳舞來表達牠們的觀察與判斷，其他工蜂也會依此作出選擇。」「這不是世襲，也不是由上而下的命令，而是基於共識、經驗與信任所形成的選擇。」

人類的社會亦然，民主制度不在於權力的轉移，而在於集體的學習與參與，「一個好的制度，要讓有經驗的人發聲，讓選擇建立在資訊與信任上，而不是在恐懼與服從裡。」

從養蜂到教育、到參與罷免，再到整體社會的思考，他始終圍繞著一個信念：「自由是天生的，所有的生物都渴望自由；而幸福，是建立在自由與平等基礎上的。」

「當你真正自由了，即使面對死亡，也能微笑著離開。」這是他一生所追求的核心關懷，「人一生最重要的，不外乎追求快樂、自在與幸福。」任何宗教都是幫助人達成這種狀態，「活在當下是一種智慧，而不只是信仰。」

「我已經沒有年輕人的體力去挨家挨戶敲門了，但我還可以做些事，辦活動寫文章，做些啟蒙的工作。」他說：「太太生病對我也影響甚大，生命這麼短暫，為什麼要選擇安逸？害怕責任？那不是對不起自己嗎？」

他認為這場運動更重要的是一種價值的傳承，「我們要示範給年輕人看，再困難的事情也可以扛起來；再複雜的人情，也可以化解。」「剛開始時，大家彼此不熟，難免會有些爭執，但年輕人有熱情，即使有排他性，都不構成障礙。」

因意識到這點，他就以「上課」的方式帶領團隊，「辦了很多課程培訓，讓參與的人理解我們為什麼要罷免？罷免的價值在哪裡？要如何避開內耗與情緒化的分歧？」「既然我們生在這塊土地，就有責任去守護它。這是責任，不是仇恨，罷免是為了下一代，不是為了發洩情緒，從這個角度出發，很多旁枝末節就不必太計較了！」他始終堅信：「民主不是一個人的事，而是眾人之事。我們需要的不是英雄，而是一群願意往前走的公民。」

## 回歸家庭：擁抱生活、愛，還有幽默感

在彰化罷免失利後，陳世雄在臉書寫下：「我太太病癒未久，我選擇在此時出面擔負這吃力不討好的責任，內心也常有虧欠之感，如今罷免告一段落，雖有遺憾，卻也略感寬慰，終能回歸田園，重拾有機農的日常了。」

英國思想家塞謬爾．斯邁爾斯（Samuel Smiles）在《自助》（*Self Help*）一書中提到：「人民的性格決定國家的命運。」真正推動社會進步的力量，不只是知識與技術，而是國民是否具備自尊自重、自助、自治的品格，唯有培養高尚的公民性格，才能改變台灣的命運。

這場大罷免，不只是政治事件，而是對中共滲透與國民黨代理人系統的正面回擊；下個階段，罷免投票與補選才是關鍵決戰，我們不能鬆懈，更不能忘記初心。彰化這一役雖敗，南彰人更應砥礪奮起，親中政客的存

在，是台灣社會最大的不義，下一次選舉務必讓所有參與賣台法案的立委無法連任，這才不枉志工們的犧牲與全民的期待。

陳世雄認為「一個人最重要的就是要有愛，也要有幽默感。」這是他的總結：「有愛的人才能讓生命有意義，有幽默感才能熬過生命的困難。」「很多時候不是困難讓人受苦，而是太過嚴肅讓人失去彈性。」退休後，他開始打爵士鼓、吹薩克斯風、烘焙咖啡，「生活中很多事情本身就有樂趣，從做中學，從學中思，這才是人生真正的享受。」他說，連泡咖啡、請朋友喝咖啡，都蘊含著哲學。

他仍以蜜蜂作總結：「蜜蜂不偷懶、活在當下、專心做一件事，所以牠不會得糖尿病，也不會得憂鬱症。」這也是人生的訣竅：「當你真的專注一件你相信的事、全心全意去做，很多煩惱自然會遠離，活在愛裡，活在當下，就能自在。」這是他教給年輕人的智慧，也是在歷史現場願意站出來的原因。

# 從靈異經驗到公共信念的轉化

## ——《通靈少女》原型人物劉柏君

採訪．撰稿／簡端良

公視與HBO合拍《通靈少女》影集的原型人物劉柏君，中學時因靈異體質，被廟公認定「帶天命」，從此在宮廟為人指引迷津。她犧牲了青春與少女的浪漫時光，提早涉入苦難的世間。但她超越這樣的宿命，在男性主導的棒球界長出她想要的樣子，成為台灣首位獲得裁判認證的女性，更是第一位站上全國賽事擔任主審的女性。曾被命運框架的她告訴我們：「人可以尊敬因果，但不必屈服於命運。」今天，劉柏君站上第一線，呼籲全民投入大罷免。她說：「這次罷免，就是要讓中國共產黨知道，它在台灣沒有市場。」

## 從通靈者的視野看權力對人性造成的扭曲

有靈異體質的她，如何在公共事務、人情與善之間拿捏？她曾在臉書寫下，她在罷免宣講時有一位阿姨對她比中指，劉柏君看著她，是對她不悅嗎？「不是！我是在看她身後的那個妹妹！」以前劉柏君會「雞婆過去幫忙一下」，但如今不同了，「我不再像以前那樣強勢處理，每個人自有因果，我開始學會尊重。」她強調，現在即使感應到什麼，也會更有智慧處理，「幫助人也要有智慧，不是所有的靈，都該由你來處理；不是所有的煩惱，都該由你來承擔。」

也許有人會對通靈能力好奇甚至嚮往，但劉柏君坦言：「對我來說，那不是禮物，是業力，是重擔。」她說，通靈就像金錢、法律、權力，它本身沒有善惡，全看你怎麼用，懂法律的人知法玩法，掌握權力的人謀私害公，通靈若落入貪婪與爭權，最終就是毀滅。

她回憶最痛苦的一段時期，是在宮廟裡「處理」事務時，發現會求助的都是重病的孩子、痛苦的母親，她們必須承受的回應是「妳上輩子造了什麼業，孩子才會這樣！」這些話很沉重，她們還要付費。那種極端不正義的剝削，讓她開始質疑：「我真的是在幫人嗎？」她看見了其中的權力、金錢、謊言，是需要極大意志力才能抵抗的誘惑，「權力的滋味太容易讓人迷失了！」

她選擇從那裡出走，「這世界不缺通靈人，但缺乏誠實與慈悲。」她說：「我能看見什麼、感應什麼，這都不重要，重要的是，我要怎麼用這些經驗來提醒這個社會，什麼才是真正的信仰？什麼才是人該秉持的公義？」

極權政府能夠以「國家」之名剝奪人的一切，靈異圈也存在類似的現象，當人沉浸在神祕力量與群體狂熱中，「真的會出現把自己兒女獻祭的行為」。為什麼人會變成這樣？「因為在那樣的場域中，人的理智會被一層一層地吞噬，最後只剩下失控的欲望與扭曲的靈魂。」

「權力沒有節制，靈性就會腐化。」那是很危險的，一旦失去自省，就會一步步走入深淵，真正的力量不是施展法力，而是在誘惑中選擇回頭。她選擇不再沉迷於法力，而是走上一條願力之路，從內省出發，用她的經驗轉化成追求公義，提醒所有人：「誠實，是面對自我最大的力量。」

## 真正的信仰不會是非不分，心中有神就該反共

她指出宗教是中共對台統戰的方式之一，很多宮廟都被滲透了，問題是一旦權力與利益介入信仰，靈性將失去純粹性，還值得信嗎？劉柏君說：

「共產黨不是中國文化，它是反人類的。」破壞信仰、摧毀傳統，從破四舊到文化大革命，從無神論到集權獨裁。「中國哪個皇帝不祭天？不尊敬神明？真正的中華文化敬天敬地、尊祖敬德，但共產黨根本不信，把信仰當成政治的工具。」

「共產黨是唯物主義，是無神論，它否定靈魂、否定倫理、否定人性。」這不只是宗教立場，而是一種價值的宣示，「我支持大罷免，並不是因為政治，而是我忠誠於信仰與價值：自由、民主、倫理與善良，這些價值正被踐踏，我忠誠於我的信仰，怎能視而不見？」她直言政治不可能與生活脫鉤，「政治就是我們的日常，在對信仰與價值中作選擇。」「他們把政治搞得很髒，後來我發現，不參與表態政治就更髒了，真正該做的是：我們要帶著信仰參與、用願力行動。」

她曾參加芝加哥舉辦的世界宗教大會，見證全世界的宗教領袖聚在一起，為人權與和平發聲，與會者無一不批判共產黨對人性的迫害，「我一直希望台灣能舉辦世界宗教大會」，她說：「我深信文革之後的中國，已經無法孕育真正的神性了，神明都無法安住，更何況人的靈魂！」

中共對宗教的利用，是當今最大的靈性詐騙，從無神論出發，卻藉媽祖、關公進行「兩岸的宗教交流」，這不是交流而是統戰，「沒有宗教歸宗教這回事，信仰就是價值的選擇，價值如果不落實於政治行動，就會變成空談。」劉柏君強調，無論是信仰媽祖、關聖帝君還是穆斯林，只要心中有敬畏、有倫理，都不可能對一個以鬥爭殺人為樂的政權視若無睹。

在她看來，信仰若不能回應當代的壓迫、不能辨識權力的邪惡，那就是一個失能的宗教。她再次強調，「參與大罷免，不只是政治選擇，而是靈性的行動，忠於自由、民主、仁慈與真理的公共見證。」「如果一個宮廟或宗教團體不反共，甚至還與中國交流，那就不值得我們信仰了。」

有靈性的信仰不會在面對極權與壓迫時選擇沉默，更不可能站在傷害人的那一邊「你可以信仰媽祖、耶穌、關公，但你要知道，真正的媽祖不會附和謊言，耶穌不會擁抱獨裁，關公也不會出賣土地。」這不是把宗教政治化，而是回到宗教的本質——明善惡、辨忠奸、護正義、愛眾生，「信仰不是讓你拜拜求富貴的工具，而是一種你願意承擔公共責任的價值選擇」，劉柏君說。

## 追求運動平權讓她走進公民現場

對長年深耕棒球界的劉柏君而言，台灣棒球運動的性別環境令人難以樂觀。「棒球真的是非常單一性別」，她曾被世界棒壘總會（WBSC）提名柏林獎，九月也即將赴美國參加「海盜vs.道奇」的開球，因為匹茲堡海盜隊是大聯盟第一個設置女性裁判室的球隊，然而在國內賽事女性裁判仍被歧視，她說曾與一位中職技術委員爆發爭執，對方竟說：「女生不要摸球，會害我判錯！」

這凸顯棒球界的性別仇視仍深植在制度裡，目前棒球的相關活動，女性被物化與娛樂化，和追求性別平等的價值背道而馳，「我並不反對啦啦隊，我反對的是，你把她當成台灣向國際推廣棒球時的名片時，這要向國際表達什麼？為什麼所有運動都有女子選手，而唯獨棒球女性就只能是啦啦隊？」她邀請大家一起來思考這個問題。

在許多人眼中劉柏君沒有強烈的政治性格，讓她走上公民行動與制度倡議之路，是一次深刻的傷害，「我當初只是想爭取一點女性運動員與裁判的權利，特別是像廁所不足、性騷擾案件無處申訴這些問題」，在一次體育圈的性騷擾事件中，讓她震撼的不是男性，而是同為女性的冷語與攻擊——「妳不懂性別，閉嘴啦！不要害我們女生被討厭」，這句話深深擊潰了她，讓她真正理解到：「制度與文化，並不會因為你的善意而自動改變，要改變就必須行動！」

那一刻起她認清了體育圈「病得不輕」，「我不再只是抱怨，我要變成那個能制定遊戲規則的人」，她從倡議者，轉向更積極參與政治與法案推動，因為你不出聲，別人就會亂幫你發聲。

這份意識，也延伸到她參與大罷免，「台灣從來不是鬼島，只是偶爾鬧鬼。為什麼會鬧鬼？因為我們讓一些貪腐、失德的權力者橫行無阻。」參與罷免，就像在寫平安符，「我不是要消滅你，也不是要你滾出台灣，只是要讓『正常人』的聲音大過這些鬼吼鬼叫的」，她強調，這不是仇恨政治，而是一種更高層次的「社會淨化」，她說：「我希望有一天，反同也好、親中也好，那些極端的聲音會變成少數，因為正常人會愈來愈多。」這也是她支持同婚、女性平權與大罷免的基本信念：「社會會慢慢進步，只要我們繼續講話，那分尊重就會變成為主流。」

## 在宗教與體育雙線奮戰的大使

劉柏君接下無任所大使後，原本滿懷期待，讓自己為台灣發聲更遊刃有餘，但一踏入國際場域，現實卻是一道冷牆。她語帶無奈地說：「過去我拿著美國國務院的身分，不管走到哪裡都沒問題，可是一旦掛上『中華民國（台灣）』的名號，一切都變了。」這樣的處境讓她真正體會到，外交部長年的苦楚，這樣的經驗也讓她更堅定參與大罷免，「台灣人有多孤單？你自己走過外交路才知道有多難，就因為這樣，我們更不能選出不適任的代表，讓他們在國際上代表我們」，你能接受傅崐萁代表台灣去和王滬寧握手嗎？

「這次我們要好好抓住機會！」她說，台灣人長期在國際被壓縮、忽視，被霸凌了七十年，但這場公民自發的罷免運動正在改變一切，「你看，一場沒有暴力、沒有流血的罷免，卻能一次挑戰那麼多由中國操控的傀儡立委，這在人類歷史上從沒出現過」。「我們不輸當年波羅的海三小國牽手抗俄的那一刻，我們從牽手走進投票所，這就更難了！」這塊飽受殖民與壓迫的土地上，台灣人必須用選票，進行文明與野蠻的戰鬥，「只要你投下同意罷免票，就是歷史現場的一部分。」

「我自己希望接下來在宗教跟體育多做一些。」這也正是中共滲透台灣最深、也最被忽略的兩大戰線。「宗教這塊我很擔心，因為我們太輕忽中國的宗教統戰了；而體育圈呢？我們九月就要成立運動部了，我不希望會變成一個空殼。」她不避諱指出，過去的體育署本身就是積弊的根源，「如果只是舊的體制換上新招牌，『放大版的體育署』，放大幾倍就會遭遇幾倍的報應。」

她理解民進黨的困境：想要改革，但現在還是得靠原本掌握權力的人，司法、教育、體育……每處都一樣，「你要讓既得利益者來改革自己？就像叫國民黨來推動轉型正義一樣，這不是笑話嗎？」這個觀察不是抱怨，而是清醒的悲憫。並且「這兩個領域的現況，都在阻礙台灣建立主體性、對抗中共」，她看得很透澈：「我們常以為是外面的人阻礙我們，其實很多時候是我們自己人在阻止自己。」她也坦言：「像這次大罷免，民進黨剛開始也只是觀望，動起來還是得靠人民自發，民進黨才會有動作。」

## 我們正在寫這座島嶼的歷史

「台灣被多少國家殖民過，被國際封鎖七十年，卻還能堅持民主自由，還是世界前二十大經濟體，這不值得驕傲嗎？」她提起自己參與的壘球賽的經驗：那些來自偏鄉、原住民與弱勢家庭的孩子，擊敗三千人選出來的日本代表隊，這是資源極端不對等的比賽，靠的是信念、是靈魂；現在的比賽不只在體育場，而在兩岸。「我們正在寫歷史，這群志工是用信仰、雙手雙腳在寫自己的劇本。」「三階投票，就是一場民主與暴政、人性與貪婪之間的抗爭，我們都是主角，台灣人正在對全世界上演這部影集！」「沒有一個人應當缺席，每個人都是歷史的台灣英雄。」她說：「台灣人可以說是天選之人，不只為台灣而戰，也向人類歷史上證明，民主自由可以戰勝極權暴力的。」

「有些人不參與，不代表他們不好，而是他們活在一個限縮的世界裡。」在她看來，每個人的選擇都受限於背景與經驗，有些人因「習得的無助」，覺得改變不了什麼；有些人則純粹是利己主義者，只在意眼前的利益，但這不怪他們，「但當你投入大罷免的公民運動，你會看到不一樣的自己。」因為那是一種價值的實踐，「我們習於活在功利的社會，但公民運動打破了這層框架，讓人看見更大的自己。」她認為，這正是人回歸本性的契機，就如馬斯洛所說的自我實現，「你平常也不知道自我要怎麼實現，但在公民行動中突然會看到：原來我的行動也能那麼有價值！」

「就像是打坐禪修，一定要自己去實踐，才能體會法喜。」參與大罷免也是一種內在的修行，這是她給還在觀望的人最真誠的建議，把自己延伸到對社會與台灣未來的關懷。「我以宣講為主，有空就幫鄰居收收連署書」，許多鄰里的長輩，行動不便她就主動上門協助，「有些人直接把身分證和印章給我，要我幫他們一起辦好。」她說社區裡其實有很多人很關心，只是不知道該怎麼做，「我常去公園坐著聊天，媽媽們會主動走過來，請我幫她們填連署書」。她補充說：「這樣慢慢收，也可以交出一包呢！」

人與人最日常的連結，也可以是公民實踐。

她說：「台灣現在正站在歷史的轉捩點，開始形成自己的國族認同。」這次的大罷免可以讓我們集體地意識到：「我們都是台灣人」，她舉比利時為例子，當年比利時說要獨立，全世界沒人看好，會質疑：比利時人是誰？說法語、荷蘭語、德語的人怎麼能說自己是比利時人？但比利時人做到了，「現在沒有人會質疑比利時人，因為他們共同實踐了自己的國族認同。」而台灣呢？這樣的轉變正在發生，不論是原住民、閩南人、客家人，還是外省人，只要願意把台灣擺在優先的位置、願意反共、守護民主自由，就是台灣人。

## 國族意識的產生雖非偶然但仍要實踐

這是一場國族意識的實踐，「我們因反共，發現彼此的共識就是對台灣的愛與守護。這不再是中華民國或台獨的分野，而是我們共同作為『台灣人』的自覺與認同。」這是一場國族生成的運動，讓我們更確定我們是誰，我們站在這裡，正在寫自己的故事。

但若說國族意識的形成是歷史的必然，恐怕太過樂觀，因為沒有行動就沒有結果。李登輝以來確實播下了種子，但這一切都需要「人」去實踐，就如法治，從來不是天上掉下來的恩賜，是奮鬥而來的，只有一代一代的努力，才會成為社會的共識與基石，現在是台灣四百年來最好的機會，「台灣已被國際封鎖了七十年了，被看不起、被打壓，但現在不同了，世界終於清醒了，國際上看見台灣的價值了。」

她用了一個生動的比喻：「人生就像衝浪，你可以苦練身體，但浪沒來，再怎麼努力也沒用。現在浪來了，台灣人要不要衝？當然要！」她眼中的「浪」，正是這場全球對極權的警覺與反彈，也是台灣內部那股從民間升起的自我認同與團結的力量。「我真的相信，這是被眾神護佑的力量。」她說：「台灣人雖有時蠢蠢的，但也因為這分善良，所有好事最後都會回到我們身上。」這種信念不是盲目的天命說，而是一種在歷史夾縫中一次次絕處逢生後，所凝煉出的生命智慧。她相信，清醒的人會愈來愈多，台灣也會愈來愈靠近自己的國度。

「台灣人是什麼?就是以台灣為優先的人。」在她的價值體系裡，「統一」不該成為選項，她毫不遲疑地劃下界線：「如果你覺得統一是選項，那對不起，我不認為你是台灣人！」為什麼？「就像在一個複雜的家庭關係裡的孩子，特別優秀的那一個，常常被要求犧牲自己照顧整個家庭，連戀愛結婚都不能自主，這樣真的對嗎？」她搖頭，「我們做社工的建議是，那個有能力的人，應知道要切斷這種情緒綁架。因為只有你好，才能真正幫到他們，而不是跟他們一起爛，台灣也是這樣。」

她補充說：「我們可以幫他們，比如教他們怎麼發展民主自由，怎麼建構非營利組織、社區照顧……但不代表台灣要被情緒勒索說『統一才叫做愛』」，她說：「我們把民主社會好好建構起來，就是對他們最大的幫助了，因為讓中國人看見，中國也有這種可能，但要靠自己去奮鬥。」

## 捍衛民主與自由，就是我們的天命

「只要中共不倒，公民運動就要持續。」這是劉柏君對於「大罷免」

的核心觀點。對她而言，這場運動從來不是罷免親共立委那麼簡單，它是一場對自由、民主與國家主體性的持續奮戰。她認為，不論一階、二階、三階、補選，都只是「階段性任務」，真正的終點是「共產黨瓦解」、「台灣真正獨立」。她毫不避諱地說：「只要台灣還沒獨立，中共還未倒，我們的公民運動就不會休止。」

她回憶馬英九執政時的台灣，許多人懷疑是否還值得懷抱未來，「真的好挫折！」但隨著大罷免的推動，台灣重新整隊，來一場跨越世代的公民自覺行動，如果你相信自由與尊嚴，就無法迴避行動，台灣仍在歷史的浪頭上，每個人都是史詩的主角。

對共產黨的惡，我們必須「不斷地講，不斷地提醒」，因劉柏君對扭曲人性的共產黨非常反感，大躍進、反右運動、文化大革命到六四天安門，再到新冠疫情……這些歷史傷痕與暴力壓迫，不能因為台灣社會很「寬容」就遺忘。在面對共產政權的邪惡時，若宗教沉默不語、拒絕表態，便是與加害者的共業同行。因此，她主張要用圖像、故事，把歷史一遍又一遍地講出來，讓這場運動培養出「天然反共」的台灣人。她說：「生而為人，反共就是我們的內建基因。

「民主與自由，是我們的祖先用生命換來的，我們沒有付出什麼就在享受這一切，至少現在，我們有責任去守護它，並把它完整地交給下一代。」她曾陪伴許多生命走向終點，發現很多人在臨終前最深的情緒常是「後悔」，因此，她願意一生去實踐信念，只為在人生謝幕時，能對自己說：「我已經盡力了！」劉柏君呼籲每一位台灣人，珍惜當下，全力經營這一生，做好我們能做的事，為台灣的民主自由盡一分心力。

# 第三部
# 如何回首我們的時代

# 我在溪州連署站

## ——大罷免浪潮的省思

吳　晟

### 1

二〇二五年暮春三月，乍暖還寒，冷風吹襲、陰雨飄落的假日下午，我去溪湖奉天宮，參加罷免彰化縣第三選區立法委員謝衣鳳，公民團體舉辦的「反共保台大團結」聯合大會。

奉天宮前搭起帳篷，擺滿塑膠圓凳，聽眾陸續進來，開場不久，將近坐滿。我戴帽子、穿外套禦寒，坐在聽眾席塑膠圓凳，挺直腰桿，專注聆聽，從開場到散場，整整兩個多小時。

數位講者，都是和我子女年歲相仿的中壯輩，痛切陳述立法院目前情勢，國、眾兩黨立委亂象，狂妄行徑，意圖癱瘓各部會行政部門，十分明顯。更嚴重的是，無須經過討論，肆意通過多項離譜到不可思議、不可理喻的法案，置國家安全陷入危機。

行政院提出覆議，仍遭完全否決，不予理會，只剩下罷免一途。如果罷免不成，放任他們再恣意妄為三年，近乎集體「賣國」，則國家危矣！台灣危矣！

兩個多小時，我專注聆聽，思緒翻騰，腦海不斷浮現一九七〇、一九八〇年代的景況，和目前的場景何其相像。

當年我和這些講者一樣的年歲，一樣站在臨時搭起的講台上，一地一地、一場又一場，一樣慷慨激昂宣講。

我們的主要訴求，統稱為「黨外民主運動」，無論如何痛斥國民黨的專制統治，無論如何痛批不公不義的制度，喊出「國民黨不倒，台灣不會好」，但「國家認同」並無不同。雖然對「中華民國」國號有意見、不一定滿意，對「中華民國」有效統轄這個國度的「政府」，並無背叛之意，也就是存乎「體制內改革」。

而今，新一代年輕講者的憂慮，竟然不只是「改革」，而是關乎國族認同、國家危亡之秋，這豈是我們這一輩的人料想得到，一生追求自由民主，到了晚年，竟然必須面對「挾自由民主顛覆政府」的處境。

政黨政治，相互監督、制衡，天經地義；但基本前提，必須認同「我們只有一個國家」，共同愛護立足於斯的這個國家。

專注聆聽一位一位年輕講者忍抑不住急切的演講，我的思緒翻騰不已，心情沉重而悲傷。

## 2

彰化縣立委有四個選區，中國國民黨唯一一席立委謝衣鳳為第三選區，含括十個鄉鎮、稱為「彰南」，緊鄰台灣第一大河濁水溪流域北岸，幅員遼闊，約占全縣面積四十三%，居民大都還是以傳統農漁業為主。

這一選區的罷免連署行動，起步較晚，直至春節前數日，才有幾位年輕人站出來接手，號召「罷免行動，缺衣不可」，卻一再遭到阻擾、拒絕、排斥，很難找到連署站，也苦尋著領銜人。

不過，連署行動還是開始了。首波在二林的公園、溪湖的銀行旁等地展開。二〇二五年二月一日《自由時報》記者劉曉欣報導，前明道大學校長陳世雄與妻子在溪湖交出連署書，用行動來力挺。陳世雄表示，他要「罷免不適任的立委，罷免幫共匪做事的立委，全民應該站出來，用罷免來救國。」

有人建議彰三選區罷免團體的年輕人，去找陳世雄校長擔任領銜人。陳校長不推辭，挺身而出，站到台前，大力號召，帶領罷免行動，正式展開。

陳校長是我一向至為敬佩的有機農業專家，堅定社會公義理念；二〇一〇年，全國唯一公開支持「反國光石化」運動的大學校長。

很微妙的是，被罷免對象、罷免團體的領銜人、以及曾和被罷免對象競爭過立委的我的女兒吳音寧，三家都是溪州鄉人，同為「溪州鄉親」。

陳世雄校長接受媒體訪問時，說到他和謝衣鳳母親，前立委鄭汝芬熟識，難免承受人情壓力。但站在「國家的大是大非」，關乎國家存亡、危難之秋，「人情事故」是其次。

我和「謝家」的「人情事故」，更多牽連。我一輩子定居在彰南農鄉，在學校教書，不只謝家從政第一代謝言信本人及其多位兄弟，我都相識；第二代大都就讀溪州國中，和我有師生因緣，包括謝衣鳳父母。

身為師長，本不該批評自己的學生，旁及其子女，但「吾顧學生，吾更顧大是大非」。

一九七〇年代，我返鄉教書，謝言信從殺豬、賣豬（「台豬」中盤商），「發財有道」，累積不少財富。一九八二年投入縣議員選舉，崛起地方政壇。一面「栽培」「得力助手」子弟兵；一面「經營」鄉人皆知皆畏、不能明說的角頭勢力與事業；鄉人直呼「台秀」（老大、大將之意）。一面介入中國國民黨地方黨部、農會、水利會、宮廟等組織，並接觸「黨外人士」，左右通吃，鄉人形容為「吃雙把乳」。

我雖然是國中老師，從不掩飾政治立場、不假裝中立，一輩子為黨外、為綠營人士助選：彰化的黃順興、謝聰敏、姚嘉文、周清玉、許榮淑、翁金珠……台中的林俊義、王世勛、廖永來……

明知我的「黨外」立場鮮明，謝言信仍多次「專誠拜訪」，邀我當他的「文書」，我當然婉拒、迴避。

不過，這一套確實管用，據我所知，不少支持黨外（一九八八年後民進黨）地方人士被拉攏，與謝家交好。甚至，不少「舉著綠旗」而當選而連任的地方公職人員，不知欠了他們家多少人情，也被收編；至少，不願得罪，以免禍及從政之路。幾乎絕大多數村里長、鄉鎮民代表、鄉鎮長、議員、農會總幹事，都和他們家有「瓜葛」。

如此經營人際網絡、利益結構，只重家族事業，多角經營、多家公司的企業財團，「從政風格」，即使拿著質詢稿都念不清楚的水準（因為不會斷句），竟一路順遂，從縣議員而省議員而立法委員，再無縫接軌傳給第二代。

謝言信有三子，多種條件考量，由唯一有正式名分的二媳婦鄭汝芬接棒，走上檯面，勤走婚喪喜慶等活動，但選舉及龐大家族事業，真正的操盤手，則是其大伯和夫婿。第二代延續左右通吃作風，發揮得更徹底。

我和謝家沒有私人仇怨，所有衝突來自公共事務的對立。

謝家只是考量家族企業的擴張、自身財富的累積，哪裡在乎彰南農鄉的發展，所謂「富了謝家，窮了彰南」。

## 3

今日我們熟知的所謂全台「黑金四大家族」：花蓮傅家、台北羅家、廖家、台中顏家、雲林張家，這些盤據地方的黑金勢力，正是台灣一九九〇年代解嚴後，伴隨民主化、本土化，趁勢崛起的政治家族。其實，都遠遠不如謝家。

這些家族「從政」，有一項共通的「核心價值」，既非政治信仰、談不上政治野心，和社會抱負、社會想望，完全沾不上邊，純粹只有「利」字，唯利是圖，以「利」謀「權」、以「權」謀「利」。

他們是以「家族事業」在經營從政，以從政在經營家族事業。

彰化謝家起步最早，最多角化經營「事業」，累積最多財富，億來億去，唯一有「第四台」媒體，唯一傳承到第三代，延續四十多年，卻最沒「全國知名度」。只因謝家隱藏最深，最懂得暗中操作之道，被披露的「違法」

案件最少、最小，最有能力「處理」掉新聞。

謝家「傳奇」「故事」何其多，地方上只能私下「口耳相傳」；地方記者最熟知，但有誰敢去「挖掘」？同時卻經常看到對謝家歌功頌德的報導。

印象最深刻的是一九九〇年中期，我甚為敬重的一群新聞工作者，懷抱理想合力創辦「本土」報紙《台灣日報》，創刊不久，大篇幅刊出一篇「彰化媽祖」稱頌謝言信的報導；溪州鄉親誰不知曉謝言信的背景？反差實在太大……太大了。而最近，經常無意中看到謝言信孫子謝典林的報導，說他「健康有活力」，但若問問鄉親，做個基本的調查，不難得知，謝典林是什麼德行？和這些稱頌有加的報導相配嗎？

我一直很難理解，台北文化界真正無知嗎？這些記者如何下得了筆？是什麼心情寫出這樣違背事實的文章？這些報刊雜誌的編輯，是如何審查？什麼「情況」下刊登這些文章？後來才發現這些所謂的報導，都是謝家透過彰化縣議會買廣告製成，完全是透過公帑來造假的行為。

## 4

謝家四十多年來，唯一一次參選失利，是在二〇一六年，鄭汝芬競選立委連任，輸給民進黨候選人洪宗熠，有二大因素，其一、「三腳督」（台語），另有親民黨參選（未擺平），分走八千多張選票；其二、民進黨總統候選人蔡英文，聲勢高漲，帶動立委選舉……

二〇二〇年，謝家推出第三代，鄭汝芬女兒謝衣鳯，一對一，謝家柱仔腳不斷散播、放風聲：洪宗熠服務不好啦！很少看到人啦！不認真啦！終而完成宣稱的「公主復仇記」，洪宗熠落選。

真是大大冤枉，洪宗熠一個人，又要去立法院開會，又要跑十個鄉鎮、將近彰化縣一半面積，如何經常「看到人」？

反觀謝家，穿著謝家背心的「特助」，遍布每個鄉鎮，彷如謝家出現在各種場合。事實上，真正很少、很少看到人的，反而是謝衣鳯。謝衣鳯從小在台北念書，長年住在台北，工作經驗便是在台北擔任立委媽媽的助理，很少回溪州。即使二〇二〇年第一次參選，即順利當選立委，非常好命，無須操心地方事，大都是「不在其位」的母親，代為「謀其事」、跑基層。

論者以二〇二〇年總統大選，蔡英文在溪州鄉得票率六十二%，印證溪州鄉「綠大於藍」，鼓舞大家罷免謝衣鳳大有可為。

沒有錯，溪州鄉在許多「黨外」人士（包括我），努力經營、宣揚民主自由，配合時代風潮，綠色票源節節成長，從一九九六年以來，歷屆總統大選，「本土」李登輝、陳水扁，得票率都超過一半，即使二〇〇八年，謝長廷也贏氣勢如虹的馬英九九百多票。

但蔡英文的票數，不等同反對謝家。謝家長年以來的選舉策略，簡單說，與謝家、或謝家人馬，沒有直接競選關係，基本上不明面插手，甚至看局勢調整戰略。以最近幾次總統大選來說，二〇二〇年總統大選，謝衣鳳看板，原本都是和韓國瑜合照；大約九月後，眼看韓的聲勢直直落，悄悄撤下二者合照的看板，甚至選舉語言改為「都選給女的」。

二〇二四年，謝家姊弟演出「分進合擊」，謝衣鳳是中國國民黨彰化縣黨部主委，和國民黨候選人合在一起；弟弟謝典林，則在三月中，公開宣布「退黨」（退出中國國民黨），支持其他政黨候選人，藍白二者通吃。不過選後，又改口謝典林沒有退出中國國民黨，全是他們在說，黨不黨，什麼黨，對謝家的利益來說，都是其次。

相較於中國國民黨，傅家、顏家、張家、謝家……這些家族「參政」，企業化經營，「政商一體」，整個家族親友都投入，組織結構龐大綿密，柱仔腳遍布。我常以「民主攤販」來比喻，從黨外到民進黨的候選人，一攤又一攤，臨時推出，吆喝一陣子，選上了，就當。選不上，很快就不見了，沒有留下任何名冊。換上另一攤，插上綠色旗幟，重新一一去尋回、聚集忠實支持者。

大致上來說，一攤又一攤，來來去去的「民主攤販」，以「愛」號召；「顧客」以「義」相挺；對抗有組織、有傳承、有龐大權勢資源的「利益集團」，確實艱難。

我們家就是大家公認的長年忠實綠色支持者，支持過一攤又一攤來來去去的「攤主」，見證了台灣民主化歷程的艱辛。

## 5

這一個多月，我們夫婦在罷免謝衣鳳溪州連署站「黑金商店」，和幾位退休老師輪值，感觸甚深。

「黑金商店」是溪州街上一間二十坪，老舊三樓透天厝的一樓店面，平時販售一些友善農產。

「黑金商店」斜對面，相隔幾十步，是謝家一整排八連棟三樓透天厝，是謝衣鳳和謝典林的聯合服務處。

謝家服務處斜對面，原本也是台糖地，如今矗立起四連棟四樓豪華大廈，謝家別墅，占地六百多坪，三面臨路（北臨交通要道中山路），因為全白色，非常耀眼，地方上稱為「謝家白宮」、「衣鳳百貨」。南面緊鄰一大片草地廣場，約兩千四百坪，仍是台糖地，正對八連棟謝家服務處，地方人士心知肚明，不會來使用，幾乎等同於謝家私人廣場。每逢選舉，都在這裡舉辦造勢活動。

多日來和「謝家白宮」「面面相望」，和多位罷免志工「共事」，心情確實很複雜。

全國大罷免浪潮翻騰，各地陸續傳出通過二階連署，達標捷報。我們這一選區，已經接近連署截止收件日期，仍遠遠落後。罷團發出「告急」訊息，也有多篇文章揭露謝衣鳳「非罷不可」的理由，引人注意，被列為「最艱困」選區。

為什麼是全國最艱困？

在請人連署的經驗中，我最深的感慨，一是多數鄉親禮貌、或是冷漠回絕「不理政治」；二是體會鄉親普遍對謝家的畏懼，「深植民心」。多位親友、包括我甚為親近的學生，表示為難，怕被謝家查到，被報復。有幾位向我允諾，會去外鄉鎮連署站簽。

有年輕女生志工，在溪州某家店門前擺攤，我們夫婦去陪伴、致謝，志工告訴我，有人悄悄提醒她，騎車要小心，以免發生「車禍」。

類似這樣的「傳聞」不斷，令我回想起二〇一二年，二林中科四期截取莿仔埤圳水源工程說明會，一群「黑衣人」如何在會場囂張恐嚇；二〇一七年，溪州「可愛動物園區」說明會，近兩百人被動員到現場，圍毆幾位「動保」年輕人，甚至追打到醫院。

但我不相信，到了這時代，這些暴力事件還會「發生」嗎？

## 6

我的感慨，總是被「感心」化解、被感動取代。

彰化第三選區十個鄉鎮，傳統農漁鄉，幅員遼闊，年長老人居多，還有很多不會寫字，不可能自主行動出來連署。

雖然距離達標還要衝，但一張張連署書都承載希望改變的願望。其中，很多是特別熱心的鄉親，帶著連署單，去找左鄰右舍、親朋好友，挨家挨戶去請他們連署、簽名，每一位少則數張、多則數十張，甚至有連署達人，挨家挨戶去詢問，收集上百張以上。

每天看到有人來拿走空白連署單，一疊一疊簽好的連署單送進來……

每次看到年輕人進來簽署，看到推著坐輪椅的父母來簽署……

每次看到年輕志工，在路旁、在街頭、在某連署站前，客客氣氣發送傳單，不放棄任何機會；接到有人要連署，再三鞠躬致謝……

每一張都是一筆一畫、規規矩矩、小心翼翼完成簽寫，是何其珍貴。

每天看到這些身影，只有滿滿的感動；這就是台灣了不起的「公民力量」呀！

最近還有鄉親問我：為什麼必須罷免謝衣鳳？

謝家柱仔腳不斷放話：她又沒怎樣，你們這些人，為什麼要胡搞？（人伊也無按怎樣，恁為什麼要亂舞？）

謝衣鳳非罷免不可的理由，網路已有不少陳述，我只簡單回應：

最大的問題是，該做的事她不做。例如身為立委的職責，必須用心了解、審查每一項法案，她完全付之厥如；不該做的事，她卻全力做。（例如凡事閃避、依違，乖順躲藏在「大人」背後，甘願充當橡皮圖章、表決部隊，完全聽從、依附、配合「大人們」的「指令」）。

講白了，謝衣鳳被家族推派出來擔任立委，只是為了當門面，維護謝家集團的龐大利益。這樣的衣鳳公主，適合占住立委的席次嗎？

# 台灣大罷免，一名女性志工的手記

## ——犧牲此刻的生活，是為避免更不堪的犧牲

劉芷妤

記憶中，不曾有人對我說過那麼髒的話。

我遇過性騷擾，但多數懂得藏，假裝不經意的友好碰觸再逐步試探，或者用語言和人情包裝得讓人不吞忍便會顯得不識相。但印象所及，幾乎沒有像是這樣明確公然的性威脅，一個陌生中年男子在面前打量自己，從輕蔑我的政治主張與行動，到評斷我的髮型外貌，進而以淫猥的表情語氣描述他打算對我做的事情，這之中還拿手機鏡頭對著我，甚至步步進逼。

我與伴侶在第二階段加入戶籍地所在的罷免志工團隊，雖然我從未避諱自己的政治立場，但卻是一直到了穿著志工背心、手持連署書與手舉牌站在街頭，面對著來來往往陌生人群的眼光，才發現這個程度的「以單薄

肉身在公開場合昭示政治立場」，竟然能讓人感覺如此赤裸、如此沒有安全感。面對所有迎面而來的人潮，自己就像是一個坦露在外的靶子，無論他人會擲來什麼樣的言語或動作，全都是敵暗我明。

事情發生那天下午，我手拿兩塊印著罷免資訊的手舉牌，站在新北市第十二選區某處，旁邊擱著一個輪播中的大聲公。與我一起進行二階連署宣傳的志工夥伴們就在看得到彼此的不遠處，整個公共空間無比開闊，光天化日，人來人往，對街甚至還有控制交通號誌的警員，但事情依舊發生了。

加入罷團志工月餘，那已經不是我第一次為了罷免連署跑小蜜蜂了，甚至是同行人數最多的一次，隊伍裡還有兩位男性，我以為自己已然經歷過因此也準備好面對各種衝突、叫囂與最常見的冷眼漠視，但說真的我沒想過性騷擾，我沒有想過有人會在我的夥伴看得見我、對街警察也看得見我的廣場一隅，在大聲公的掩護下，對我說出那麼髒的話。

髒到我幾乎無法對他人覆述的話。

作為陸戰志工，作為一個我自認已經沒有性吸引力的中年已婚婦女，也作為一個長期以來接觸的人群範圍極小化的文字工作者，我竟然在那一刻才意識到，雖然平時極為關注性別與政治議題，我卻幾乎沒有自己也可能遇上性暴力的自覺——但我理當比多數人都更清楚，性暴力的本質不是性欲，而是支配欲與權力。

別人可以只因為「他認為自己可以這麼對待你」而做，那和欲望幾乎可以完全脫鉤，那是性別權力的傾斜，而性別，也是政治的一環。

在這次經驗後，我也意識到，我的遭遇絕非特例。

在這次大罷免的公民行動中，幾乎每一個志工團隊裡的女性都占多數，而無論男女比例，罷免公民團體的宿命，便是在極短的時間裡要獲得最多真人同意的連署書，我們的行動只求不要落單，團隊中不一定每個人都佩戴密錄器，或者在行動拉得太長時密錄器電量耗盡，致使衝突沒有被完整記錄，這都是常有的事。更別說，即使記錄下來了，鏡頭下的肢體衝突，實質的破壞與暴力，絕對更能激起情緒、引起注意，於此同時，與性別相關的威脅便容易被忽視甚且擱置。

一如性別議題長久以來遇到的困境那樣：「總是有別的事看起來更重

要」，國難當前，要大局為重、相忍為國，作為女性我們當然也知道，覆巢之下無完卵，放下自己的切身安全與情緒，去做對大家都有意義的事，才正確。

這難道就是為什麼多數的罷團裡都是以女性為主的原因嗎？或者該說，這不只是原因也是結果，它們自成了一個莫比烏斯環：因為知道當災禍發生或人權倒退時，女性必然是第一個被犧牲的，因此我們先犧牲了自己此刻的生活，去避免更不堪的犧牲。

在加入罷免志工團之前，我已經感受到，這幾年的台灣女性更樂於參與社會運動、一邊學習一邊理解包括憲政、國防、外交、經濟……等各種面向的政治議題，我相信這與太陽花運動後，年輕女性大量投入政治工作有關，她們或成為幕僚，或更進一步成為檯面上的政治人物，再加上蔡英文、蕭美琴等深耕許久的女性政治家，紛紛站在適合她們的位置發光發熱。這些在台灣女性的眼裡看來，不啻是從前仿若樣板口號一般的「女性也可以參與政治」被抽掉了「也」字，我們開始認知到「女性是真的可以參與政治的」，不是「男性參與了，女性也可以」的那種次等或備位參與，而是真正的參與。

我認為這個「也」字的消失，才是台灣女性將參與政治當作生活一環的重要關鍵。在這樣的基礎認知下，女性更願意、更樂於成為罷團志工，似乎也不令人意外。

在女性開始將關注政治與社會議題當成生活一環的同時，許多男性在亞洲父權社會的教育與文化下，或許仍然有著必須成功、不能失敗的保守心理，因此在大罷免的勢頭仍未風起雲湧時，懷抱著不看好的觀望心態而較少投入心力；而同樣在「大罷免不一定會成功」的社會氛圍下，女性則是早已習慣肩負育兒、家務這類不被獎賞也不被重視的任務，因此對於投身志工這種無法獲得回報、經常還會遭人冷嘲熱諷的事情，反倒有更高的接受度。

想來，這些沒有酬勞但總是要有人去做的事情，或許真的很像養育孩子、照顧老人家與日復一日的瑣碎家務。志工們每天每週地在生活夾縫中抽出時間上街頭拉連署、派報、做手工、舉牌、小蜜蜂……這樣的事從不是光芒萬丈、也無法留下英雄名聲，甚至為了不讓家人擔心，許多人還得遮掩名字與面容，但卻是最能夠踏踏實實保護家園的方式。

沒有辦法對所有罷團志工做田調，因此我不敢妄斷所有罷團志工裡女性居多的原因。然而就我的觀察與理解，在投身罷免志工的女性眼中，看到的可能不只各種行政預算被刪凍後，所造成的物價上漲與生活不便，而是更長遠的「如果因為國會而讓台灣對中國門戶洞開」所能造成的威脅——無論是武統還是文攻，不管用買的還是用騙的，只要與中國統一甚至只是同化，那就是徐州八孩鐵鍊女的地獄等級模式開啟，那是好不容易在黨國教育下掙扎著，花了數十年的時間才走上了婚姻平權之路、開啟了性別平權之眼後的台灣女性，絕不可能容許的倒退。

雖然我們此刻的生活離真正的性別平等還遠得很，但至少我們看見了過去的努力有了一點點的累積，而且未來還能繼續累積，那是在民主自由的國家裡才可能發生的事。

別忘了，台灣是亞洲第一個同婚合法化的國家，對於多數女性與同志而言，光是寫個耽美小說就可能判刑數年還要戴上電子腳鐐的中國，從人口販子手上買來女孩監禁淩辱逼生八孩的犯行者數罪相加甚至不見得比寫耽美小說判刑更久的中國，是宛如異世界般的存在，儘管另一種價值觀將北上廣深的富麗盛世說得多麼天花亂墜，我們也清楚地知道，用錢也堆不起來的社會文化，才是我們安然度日的主要基石。

就我在罷團中與其他夥伴閒聊後的理解，也大致與此相符。即便我們在外最常用來與民眾溝通的仍是民生議題，但大多數的志工更關心更在意的，其實是國防與外交。

我曾在一次連署行動中遇過反對方，朝著我們罵：「你們難道不怕台灣變成烏克蘭嗎？中國打過來了你們女生難道要去打仗嗎？」當時我回應的「當然願意啊，我怎麼會不想保衛我的國家？」絕非只是一時想講贏對方的情緒話，站上前線或許非我強項，但難道上街頭拉連署遭到無數白眼與冷嘲熱諷就是我的強項嗎？我心中所想的無非就只是，在所有我還能做點什麼的時候，盡我所能做還做得到的事。

後來我將這段對話分享在志工夥伴的群組裡，不意外地得到許多女性志工類似的回應，有的人自費去上了黑熊學院與壯闊台灣等民間團體的民防課程，有的人甚至高價學習如何使用武器，這或許無法回答所有的「你們女生」會怎麼做，但至少顯示出在志工團裡，願意保衛國家的意志無分性別。

對於罷團裡性別分布的印象較為深刻的，或許是在某一次，群組裡討論到「中配六改四」這個法案的影響時，發生了一個小小的討論。我們之中多多少少都有親近的姻親或友人是中配，他們之中也並非全都與亞亞之流一樣樂見台灣被中共武統，於是我們努力尋找一個比較好的說法，避免在說服民眾時直接指責中配，而是強調中共會利用這樣的法律漏洞，如何滲透與傷害台灣。

那時我便感覺，這是一個非常「女性」的思考路徑，能夠擔任志工的女性們多半不是傳統婚姻關係裡的那種小媳婦，但我們確實更能體會，離鄉背井在台灣組成家庭後還要被當成舉國公敵的無奈與無言。

這份細緻，經常也是自身在性別不友善的環境下成長所訓練出來的，然而我們相較之下畢竟還有這份餘裕去體諒他者，而成為罷團志工，不也正是因為珍惜這份餘裕，所以願意用強悍的挺身，去保護這個能對他人溫柔的空間。

二階連署進入後半場，機動型的小蜜蜂需求增加，小蜜蜂又是比連署站人數更少、更容易遇上挑釁的類型。

因此，在人數已然不多、男性相對稀少的本區罷團裡，我注意到包括我伴侶在內的許多男性志工，都會很有意識地留心哪些排班裡有落單的女性，會主動前去或協助找其他志工一起排班，其中，因為伴侶經常與一位大姊搭擋，有時我也會加入同一個排班，便也和那位大姊熟了起來，幾次見面閒聊中，我發現她的「利用空閒時間當志工」，與我們的那種「利用空閒時間當志工」有點差距。

大姐目測約五十來歲，至今獨身，她說自己每天早上七點準備開店，小蜜蜂的排班時間通常在關店後一個小時後開始，小蜜蜂結束後，她回家休息睡覺到晚上兩點多，再起床去貨運行上夜班。

我一開始以為她因為年紀的關係，沒有辦法緊跟時事，因此搭檔小蜜蜂時會和她分享當天的新聞，後來才發現她甚至比我更清楚各項最新消息。

她自己錄製的大聲公裡，殷殷切切說的不是民生，而是國安，是敝區選出的國民黨立委廖先翔，如何剛上任便跟在傅崐萁屁股後面一起去拜會中國政協主席王滬寧。

一開始，我覺得她在大聲公裡的語氣太戲劇化了，聽得不是很適應，但後來漸漸察覺到，那不是刻意營造，是大姊真心的憂國憂民，她工作辛苦，為了跑小蜜蜂總是睡眠不足，遇上反對者痛斥罵戰時也不曾退縮，並且幾乎日日排班，不管有沒有人和她搭檔，她的名字就是在班表上的同一排，稍有餘裕，還會多排班、協助罷團舉辦的大型活動。

後來，我詢問路人是否簽過二階連署時，每次聽見別人說「我很忙，沒空管政治」，嘴裡儘管沒說話，心裡浮現的都是她的面孔。

有次她跟我分享，聯電創辦人、也是罷免國民黨立委徐巧芯的領銜人曹興誠說，我們女性志工都是媽祖，我回她說，我真的覺得妳是媽祖。

她毫無扭捏之意，坦蕩地說：「對啊，我就是很愛台灣。」

那個簡潔鏗鏘的語氣，深深地敲進我的記憶裡。

本區罷團裡的媽祖尚且不止如此，女性志工裡有許多都是各種年齡層的媽媽，孩子從國小低年級到已出社會都有。有的人和我一樣與伴侶一起投入志工；有的將孩子與家庭暫交給伴侶，自己代表家庭投入志工；有的人和伴侶不同政治立場，和我一起搭檔小蜜蜂之後，還要忙著去張羅孩子們的晚餐再回家，我問她怎麼跟先生溝通，「沒有溝通啊，我猜他知道我在做什麼，孩子們其實也都知道我在做什麼，他不簽沒關係，但不要管我去找更多人來簽就好。」

女性夥伴是這樣在生活的夾隙中，一個一個擠出時間來當媽祖的。也曾聽聞男性夥伴趁著送女兒去上鋼琴課的一個小時裡把握時間去跑小蜜蜂，或者在不同政治立場的父母施壓之下，仍然扛起核心成員的重任。

在這場公民行動裡，沒有人真的是「吃飽太閒」。

在那次小蜜蜂回程，我對夥伴們說了自己遇上言語性騷擾這件事，我身旁的男性夥伴看起來非常驚訝，一臉錯愕地問我是什麼時候、和我比對記憶，我告訴他之後，他陷入長長的無言，我默默猜想，他可能非常懊惱自己沒有發現我當時陷入困境，可能有點生氣自己為什麼沒有及時為我解圍。但那只是我的猜想，為了不要讓氣氛變得太沉重，我開啟了其他話題，但其實我很想告訴他，那不是他的錯，沒有人想得到，在那樣的光天化日大庭廣眾之下，在所有夥伴彼此都看得見對方的距離，還能發生那樣的事。

寫到這裡，我也想，或許我也該對這幾天一直悔恨當時沒有做出更多行動的自己說：「那不是我的錯。」

那樣的事情就是會發生的，這點我早已知道。真正重要的是，我身在台灣，這裡是一個我將遭受性騷擾一事說出來時，會得到無論男女的同仇敵愾而非檢討嘲弄的國度，而我們所做的一切可能就關係著，未來的男孩女孩要生活在一個什麼文化的世界裡，有機會更好，或者雪崩地的倒退？

這與性別相關嗎？我們之中的每一個人在成為罷團志工的當下，或許會考慮時間、考慮工作、考慮家庭、考慮會不會被誰認出來，但我想，應該都沒有人考慮過自己的性別。

女性為什麼要站出來？這個問題對我來說似乎可以有個答案，但那個答案可能又毫無意義，因為對我來說，不是性別的問題，是眼見家國有難，在還能付得起「站出來的代價」時，身為台灣人的我們責無旁貸。

在媽祖或關公這些看來威武的名號背後，我們只是台灣人，如此而已。不為了成為誰眼中的媽祖，只為了能繼續成為坦蕩蕩的台灣人，在遇上騷擾的那一場小蜜蜂行動結束後，我回到家，還是把未來一週的志工班表，排得滿滿的。

（本文原刊於《端傳媒》，經編修後收入於本書）

# 筆畫很輕心沉重，小心翼翼不退讓

羅毓嘉

二〇二四年五月的青島東路。中山北路口。那幾天天氣濕熱到不行。那時，立法院裡面占了多數的藍白立委，正準備表決後來被認定大部分違憲的《立法院職權行使法》——是的，就是國會擴權法案。

青島東路。青鳥，冬鹿。

大家當然都知道了，近幾年來臉書平台對於政治相關的、敏感的詞彙，多半都會被限制流量。而那時候的國會擴權法案，事實上也印證了，在立委選舉之前我們所擔心的，一旦讓國民黨成為立法院多數，所可能發生的事情之中的一件。所以網路上的各方大神們，就用「青鳥冬鹿」來代替當時抗爭的集結地點。

立法院在議事、表決的那幾個晚上，我和朋友們多半時間就站在青島東路和中山南路口。看著。其實是擠不進青島東，甚至連濟南路群賢樓一側，也是水洩不通。

有些退休了的長輩們白天就來了。而我們這些上班族，則下了班過來。我們說，這叫做「上晚班」。上什麼班呢？守護台灣的班。

人愈來愈多。人群的密度，從可以自如走動，到只能往一個方向緩慢擠動，再到幾乎無法轉身。那是我人生少有的經驗──在沒有警方圍事、只有NGO搭設的小小舞台、沒有大型音響廣播舞台聲音的情況下，站進這麼龐大的自發性集會裡。沒有誰叫你來，但大家就是來了。

有人站在矮牆上比著方向，說濟南教會那邊有水、有食物；有人舉著紙箱，上面寫著「喉糖自取」。我從來沒想過，抗爭現場最缺的不是口號，是薄荷糖。各種充滿創意的標語，天天新鮮出爐。

另一邊的街頭，有男同志們嬉笑著。有抗爭遊行的戰車放起電子音樂。有人說這裡像太陽花。也有人搖搖頭，說不太像，這是新的什麼。新的，還沒取名字的什麼。

//

當時的「青鳥運動」，也不過就幾萬人吧。幾萬隻青鳥。當時並沒有人知道，青鳥會在台灣各地拍了拍翅膀，衍生成後來簽出超過一百萬份罷免國民黨立委的連署書。

還真是謝了國民黨立委一再的自爆，擋潛艦預算。謝了李彥秀全家都是美國人還好意思講美國怎樣怎樣。謝了葉元之在立法院表決機密案時開直播。謝了洪孟楷在那邊索取台積電和產業的機密資料。謝了國民黨的投票部隊。

真是謝了，民眾黨立委們的口不擇言。謝了黃國昌。

是他們，給國民黨立委的罷免案添加柴火。

在總預算審查期間，藍白聯手大幅刪減二〇二五年度中央政府總預算，總金額超過兩千億元，創下歷史新高，刪掉的不只是數字，而是一整個政府的運作能力。

他們刪了消防署「韌性國家醫療整備計畫」的預算，說那和戰爭災害準備無關；刪了警政署的打詐經費，凍結超過三十億元，還削減了一億多元，彷彿詐騙已經不是社會問題；刪了性平處的預算，把原本一千六百多萬的經費砍到只剩三千元，一筆勉強能買一張機票的金額，留給所有的受害者與改革者作為交代。

他們還刪公視預算、刪文化部的文化幣預算，指控媒體偏頗、戲劇篡改歷史，順手連文化一併砍掉。

甚至連國防預算也不放過，凍結比例高達四十四%，從訓練彈藥到戰機油料通通受影響。預算案被砍成這樣，行政院被迫暫緩編列給地方政府的一般性補助款，波及金額高達六百多億元，直接影響基層建設與日常治理。

這些舉動不是修正，是拆政府。不是反對，是報復。這種明目張膽的破壞，在社群平台上激起一波又一波的怒火，也逐漸將罷免的動能從青島東路延燒到選區基層。

他們刪除預算的方式像是要刪掉台灣每一個人的生活。像是要刪掉台灣。刪掉台灣的未來。

//

於是人們再次站出來了——這次，不是擠在立法院外的馬路上。

而是出現在街頭。出現在巷尾。出現在每一個晨昏的市場口喊著「罷免╳╳╳就是罷免黃國昌」，「罷免╳╳╳就是罷免傅崐萁」，「罷免╳╳╳就是罷免王鴻薇」。在辦公室收連署書。在街頭和交換了眼神的陌生人說，「你簽連署了嗎？」

這是一場從街頭轉進巷弄、從喇叭轉成筆尖的運動。罷免的第一階段需要提案書，但真正浩大的，是第二階段的連署。那不只是數字，而是一場細緻到像工地管理的工程。每一份連署書，都必須填身分證字號、填好戶籍地址，簽名、或者蓋章，再交給志工歸檔分類、造冊、封箱。

那些我們曾在三一八學運現場遇見的人，這次變成區隊長、送件手、甚至駐點接應的「小蜜蜂」。他們不再只是吶喊，而是排表、設站、分工、備援、追蹤 Google Sheets。這場運動從街頭群眾升級為後勤專業。連署超人一週內繳出上百份、數千份連署；年輕設計師義務設計傳單、路線圖與社群宣傳圖卡；還有許多人，每天都在外出的背包裡，放個二、三十份空白連署書，就怕錯過任何一次「+1」的機會。

這不是一時衝動，是台灣社會累積多年的民主練習。

沒有人生下來就會罷免立委。這些技巧不是天生，而是一次又一次，在不同的運動裡學來的。我們學會如何應對反對者的挑釁、學會保護脆弱的志工、學會有人會中途離開，有人會走到最後。

台灣人從反媒體壟斷、婚姻平權、反送中聲援，乃至每一次每一次的地方選舉裡，摸索出屬於自己的節奏與步伐。

這些不是浪漫的回憶，而是民主的肌肉。台灣的公民社會，不只會站出來，還會填表格、跑流程、保證資料格式正確無誤。連署書像是一張張我們替自己填下的存在證明——我們不只是公民，我們是政治行動的實踐者。

//

那天，我去某個連署站幫家人送連署書。前面是一對父子，兒子目測五十歲，爸爸看起來，則應該快八十了吧。一走進門，兒子說，請問這裡是不是有連署？罷團的志工姊姊們立刻說，有的有的——請問你們是哪個區的呢？

「賴士葆，」兒子說，「帶我爸爸來連署。」

而每個人針對大罷免都有自己的理由。

有人說，是因為他看到新聞上立委對自己的選區選民比中指。有人說，是因為她是兩個孩子的媽，擬議刪除的預算會不會影響到養育小朋友的權益？有人說，是因為他所住的文山區，賴士葆永遠只在選舉前夕才會出現，連萬隆的變電所都沒處理，而木柵的交通，永遠那麼差。

有大學生說，他是為了還他媽媽一個公道。他媽媽在學校推動性平教育多年，好不容易才讓學校肯正視性騷擾事件。結果性平預算被刪了。

有剛滿十八歲的女生說，她還不太懂政治的細節，但她知道，刪預算不該是懲罰執政黨、乃至懲罰人民的工具。

也有人說不上來。

他只是覺得怪怪的，覺得怎麼可以這樣，覺得如果什麼都不做，以後自己連說「我不同意」的資格都沒有了。幹他老師的親中立委咧。

//

後來的一小段時間，網路上陸續傳來，誰誰誰的連署過二階段門檻了。我們歡呼。誰誰誰的連署達到門檻所需數量的一五〇%。我們歡呼。傅崐萁不止過了門檻，還達到連署門檻的一六九%。我們歡呼。徐巧芯一七六%。巧芯巧芯得第一。

我們歡呼。

當然也有些惜敗的區域，比如說，徐欣瑩，謝衣鳳，陳超明，邱鎮軍。然而台灣不斷不斷在給自己的民主寫下新的歷史。

寫這篇文章，是二〇二五年的六月初。我們不知道，罷免案最後會不會成功。我們也無法預測，立法院是否真的會因此而有所改變。但我們知道，有一百多萬人，曾經拿出身分證，在一張張紙上，寫下自己的名字。

寫得不快，甚至寫得有點慢——因為每一筆字跡，都像是在確認自己還相信，這個國家的制度還能運作。

也許這些罷免案，最後只是歷史裡一個小小的注腳、一段激烈年代的段落符號。但也或許，它們正是一場更長的民主故事裡，一個新的開場白。

而故事會怎麼寫下去，就像那些日子裡頭，無數人在連署書上填寫身分證字號時那樣：筆畫輕，心很重，一筆一畫，都是小心翼翼，但也沒有退讓的字跡。

那是我們的名字，是我們的島嶼。這個故事，還沒寫完。

# 附錄
# 台灣罷免大事紀

# 台灣罷免大事記

## 1953 年 8 月 16 日

- 苗栗鎮民代表郭兆才遭到罷免，以 497 人投票、413 票贊成，罷免成功，為台灣地方自治史上首件罷免成功案例。

## 1994 年 11 月 27 日

- 因核四預算爭議，環保團體對韓國瑜、洪秀柱、詹裕仁、林志嘉等四名國民黨立委發動罷免，為史上首次中央民代罷免提案。

## 2015 年 2 月 14 日

- 2014 年太陽花學運期間發起的「割闌尾計畫」，對於國民黨立委蔡正元、林鴻池、吳育昇等 3 人進行罷免提案連署，林鴻池、吳育昇兩人因連署未達門檻而未送件。對蔡正元的罷免連署則於 2015 年 2 月 14 日投票，但因投票率僅 24.98%，未達門檻，罷免失敗。

## 2016 年 11 月

- 立法院修法通過《選罷法》修正案：罷免提議門檻降為 1%、連署門檻降至 10%；通過門檻改為同意票多於不同意票，且達選區選舉人總數 1/4。大幅放寬罷免程序。

## 2017 年 12 月 16 日

- 安定力量主席孫繼正於新北汐止發動提案，罷免時代力量立委黃國昌，批評其操作議題、製造對立。投票於 2017 年 12 月 16 日進行，因同意票數僅 4 萬 8693 票，未達門檻，罷免失敗。

## 2020 年 6 月 6 日

- 國民黨高雄市長韓國瑜，甫當選即請假投入總統選舉，引發選民不滿，公民團體發起罷免。投票結果，同意票 93 萬 9090 票、投票率 42.14%，遠超門檻 57 萬 4996 票，成功罷免，韓國瑜成為首位遭罷免之直轄市長。

## 2021 年 1 月 16 日

- 民進黨桃園市議員王浩宇遭提起罷免，投票結果同意票 8 萬 4582 票，不同意票 7,128 票，投票率 28.14%，成為第一位被罷免的直轄市市議員。

## 2021 年 2 月 6 日

- 無黨籍市議員黃捷遭提起罷免，投票結果，同意票 5 萬 5261 票，不同意票 6 萬 5391 票，罷免失敗。

## 2021 年 10 月 23 日

- 台灣基進立委陳柏惟，遭到藍營地方勢力鎖定，被提起罷免。投票結果，同意票 7 萬 7899 票，不同意票 7 萬 3433 票，投票率 51.72%，罷免成功。陳柏惟成為第一位被罷免的立法委員。隔年 1 月 9 日舉行補選，由民主進步黨的林靜儀當選。

## 2022 年 1 月 9 日

- 無黨籍立委林昶佐遭提案罷免，同意票 5 萬 4813 票多於不同意票 4 萬 3340 票，但未達門檻 1/4 選舉人數（58,756 票），罷免未通過。

## 2024 年 1 月 13 日

- 中華民國立法院第 11 屆立法委員選舉，共選出 73 席區域立委，3 席平地原住民立法委員、3 席山地原住民立法委員與 34 席全國不分區立委。

## 2024 年 2 月 1 日

- 立法院第 11 屆立法委員報到。

## 2024 年 2 月 20 日

- 立法院第 11 屆第 1 會期第 1 次會議開議。

## 2024 年 2 月 21 日

- 「山海公民拆樑行動」團體正式成立，發起罷免基隆市長謝國樑行動，訴求針對東岸商場承包爭議、政見跳票及市政不透明等。

## 2024 年 3 月 8 日

- 「山海公民拆樑行動」宣布正式啟動罷免第一階段連署。

## 2024 年 4 月 26 日

- 國民黨立法院黨團總召傅崐萁前往北京訪問，隔日會見中國全國政協主席王滬寧，同行者包括羅明才、陳雪生、鄭天財、徐欣瑩、陳玉珍、鄭正鈐、王鴻薇、林沛祥、廖先翔、張智倫、邱鎮軍、游顥、盧縣一、黃仁、翁曉玲、林倩綺共 16 名國民黨立委。28 日深夜返台。

## 2024 年 4 月 30 日

- 花蓮新世代青年聯盟（新青盟）開創 LINE 群，成為日後罷免傅崐萁核心團隊。

## 2024 年 5 月 6 日

- 以罷免傅崐萁為目標的「微光花蓮、拔傅行動」成立臉書粉絲專頁「微光 shimmer.tw」。

## 2024 年 5 月 17 日

- 立法院接連進行《立法院職權行使法》等法案之二讀與三讀，國民黨與民眾黨在國會內連續闖關表決，導致民進黨立委多次與其發生激烈肢體衝突，包含搶占主席台、推擠受傷等事件。
- 立法院外聚集數萬人抗議，反對法案程序不透明，擔憂立法院擴權可能違憲，也延續 2014 年「太陽花」的抗議浪潮。

## 2024 年 5 月 19 日

- 台灣民眾黨在民進黨中央黨部前舉辦「519 草根決心行動」，訴求包括憲政改革、國會聽證制度、司法媒體改革等。

## 2024 年 5 月 20 日

- 賴清德就任第 16 任中華民國總統。在就職演說中，賴清德強調中華人民共和國和中華民國「互不隸屬」。

## 2024 年 5 月 21 日

- 台灣公民陣線、公投護台灣聯盟、經濟民主連合等發起「民主倒退，公民搶救」521 行動。

## 2024 年 5 月 23 日

- 中國人民解放軍東部戰區舉行代號為「聯合利劍—2024A」的軍事演習。

## 2024 年 5 月 24 日

- 超過 50 個公民團體於立法院青島東路西側與濟南路集結抗議，要求將藍白聯手強行通過的《立法院職權行使法》退回重審。
- 抗議行動迅速擴散，全台串聯「我藐視國會」活動，桃園、台中、台南、高雄、台東、花蓮、澎湖等地皆有民眾響應，高舉「我藐視國會」黑底白字標語。

## 2024 年 5 月 28 日

- 立法院於下午強行三讀通過《立法院職權行使法》部分修正條文，引發場外民眾激烈抗議。群眾高喊「韓國瑜下台」，表達對立法院程序的強烈不滿。
- 花蓮民眾晚間於石來運轉噴泉前舉行抗議行動，吸引逾 500 人自發參加，涵蓋學生、上班族與退休者。
- 由羅東高中學生自發發起，近 300 人齊聚中山公園，高呼「我在宜蘭，我藐視國會」、「沒有討論就是黑箱」，眾多高中生身穿制服參與。
- 海內外群眾以「青鳥公媽」名義發起募資計畫，預定在 6 月 4 日於紐約時報廣場播放「上架台灣」影片，2 小時達成 260 萬新台幣募資目標。

## 2024 年 6 月 6 日

- 行政院認定立法院通過的法案窒礙難行，對其提出覆議。

## 2024 年 6 月 8 日

- 目標罷免立委徐巧芯的「剷除黑芯—信義南松山罷免」團隊官方粉絲專頁成立。

### 2024 年 6 月 15 日

- 「罷免高虹安—風城安心上路」行動啟動第一階段提議連署。

### 2024 年 6 月 21 日

- 立法院表決結果，行政院所提出之覆議案遭否決，62 票贊成維持原決議，51 票反對。
- 總統府與行政院針對三讀法案提出釋憲與暫時處分聲請。
- 國民黨發起「藍鷹行動」號召支持者包圍立院，指控民進黨操弄罷免，呼籲「反罷免、罷綠委」。

### 2024 年 7 月 6 日

- 罷免王鴻薇之「山除薇害——罷免王鴻薇」粉絲專頁成立，宣示後續行動展開。

### 2024 年 7 月 10 日

- 憲法法庭針對《立法院職權行使法》的暫時處分進行公開辯論。

### 2024 年 7 月 18 日

- 曾在黃捷擔任市議員任內發動罷免的徐尚賢，展開北中南說明會，批評黃捷擔任立法委員失職，並研議罷免。

### 2024 年 7 月 19 日

- 憲法法庭針對《立法院職權行使法》的暫時處分案裁定生效。

### 2024 年 7 月 21 日

- 「剷除黑芯」在官方粉絲專頁啟動徵集第一階段提議連署書，目標 3000 份。

### 2024 年 8 月 6 日

- 憲法法庭針對《立法院職權行使法》釋憲案進行言詞辯論。

## 2024 年 8 月 16 日

- 中央選舉委員會宣布，由「山海公民拆樑行動」所發起的基隆市長謝國樑罷免案正式成立。此次罷免案的第二階段連署共提交 4 萬 3137 份，經查對後確認合格人數為 3 萬 6909 人，超過法定門檻 3 萬 792 人，因此依法應進行投票。中選會隨即公告將於 2024 年 10 月 13 日舉行罷免投票。

## 2024 年 10 月 13 日

- 謝國樑罷免案投票，結果同意罷免票數為 6 萬 9943 票，不同意票數則為 8 萬 6014 票，約有 1 萬 6000 票的差距。由於同意票未能超過不同意票，謝國樑罷免案宣告未通過。

## 2024 年 10 月 16 日

- 民進黨祕書長林右昌接受寶島聯播網專訪時指出，罷免非政治常態，黨內也沒有討論。

## 2024 年 10 月 25 日

- 憲法法庭針對《立法院職權行使法》等法案之相關條文作出裁定，多數條文違憲。

## 2024 年 11 月 7 日

- 黑熊學院發起「台灣主站派接力護台灣」行動，宣布自 11 月 30 日起徒步接力行走 380 公里，預計 12 月 8 日抵達台北並舉辦終點遊行。

## 2024 年 11 月 16 日

- 律師界發起「反對憲法訴訟法修法」遊行，訴求守護憲政秩序。

## 2024 年 11 月 18 日

- 鳳山市民朱磊宣布展開罷免民進黨立委許智傑連署，指其帶職參選並未落實承諾。

## 2024 年 11 月 26 日

- 港湖公民於台灣基督長老教會西湖教會召開記者會，宣布啟動罷免立委李彥秀連署行動，名為「港湖除銹」。

## 2024 年 12 月 14 日

- 「台灣自由民主之路：向黨外運動致敬」市集暨晚會於台北龍山寺前艋舺公園舉行。

## 2024 年 12 月 18 日

- 經濟民主連合等公民團體發起「冬季青鳥在台北」行動，抗議中國國民黨與台灣民眾黨推動《公職人員選舉罷免法》（簡稱《選罷法》）、《憲法訴訟法》（簡稱《憲訴法》）和《財政收支劃分法》（簡稱《財劃法》）修正案。

## 2024 年 12 月 20 日

- 立法院在衝突中通過《選罷法》修正案，新增罷免案連署須附身分證影本，冒用個資者可處五年以下有期徒刑或罰鍰。當日亦完成《憲訴法》與《財劃法》修正案三讀。表決過程中爆發激烈肢體與言語衝突。
- 場外，國民黨立委徐巧芯與民進黨立委李坤城發生口角衝突，徐巧芯在鏡頭前對李坤城比出中指。徐巧芯於會後受訪時表示，其行為出於「以牙還牙、加倍奉還」的信念。

## 2024 年 12 月 22 日

- 「剷除黑芯」與「國會要除銹」團體，於台北捷運後山埤站聯合發起街頭連署。

## 2024 年 12 月 28 日

- 罷免葉元之團體宣布，第一階段提議書已達法定門檻。

## 2024 年 12 月 29 日

- 台中市三個公民團體於市民廣場設攤，針對北北屯區黃健豪、中西東南區羅廷瑋及西南屯區廖偉翔三位立委，展開街頭罷免連署。

## 2024 年 12 月 30 日

- 台灣基督教長老教會於台北濟南教會旁舉辦「青鳥宴」，100 桌報名額滿。現場同時設有多個罷免藍委團體街頭連署攤位，涵蓋雙北、桃園及花蓮選區，供民眾填寫罷免連署書。

## 2025 年 1 月 3 日

- 民進黨立法院黨團因不滿院長韓國瑜暫緩公布三讀通過法案，指其行為違憲且不中立，提議改選立法院長，唯因程序不符未列入議程處理。
- 罷免傅崐萁團體「微光花蓮」於花蓮市舉辦首場實體連署，網紅八炯擔任領銜人。

## 2025 年 1 月 4 日

- 民進黨團總召柯建銘召開記者會，提出「雙罷」主張，宣布將推動罷免立法院正副院長及 41 位國民黨區域立委。黨中央則表示，罷免行動為民間自主，黨內未有具體決議。
- 「大安強強滾－罷免羅智強」團隊公布固定連署站與合作店家。

## 2025 年 1 月 5 日

- 「剷除黑芯」、「山除薇害」和「大安強強滾」等罷免團體於台北捷運南京三民站聯合設立連署攤位，兩日累積近四千人響應。
- 政務委員陳時中於南投草屯鎮長補選造勢活動中，表態支持大罷免行動。

## 2025 年 1 月 7 日

- 國民黨舉行黨團大會，決議全面反制罷免，預計分階段罷免 38 席民進黨區域立委，首波目標鎖定台北市的吳思瑤、吳沛憶以及新北的蘇巧慧、板橋的張宏陸等。
- 台中公民團體在黃健豪、羅廷瑋與廖偉翔外，另增加國民黨立委顏寬恒與楊瓊瓔作為罷免對象，分別組成「中二解顏」、「中三拒瓔」團隊。柯建銘則點名罷免立法院副院長江啟臣。
- 《聯合報》報導，民進黨高層不樂見全面開戰，也有綠營立委不滿柯建銘「個人發言卻要拖全黨下水」，但「不敢上車、也不敢唱衰」；主筆室則發表評論「一樣全面開戰　綠委更怕藍營的精準罷免」。

## 2025 年 1 月 8 日

- 中台灣教授協會發起「台灣公民罷免傅崐其們」連署，13 日召開記者會，5 天內有 3000 人連署。

## 2025 年 1 月 14 日

- 網傳國民黨立委陳玉珍等人提案，全數刪減公視 23 億元年度預算。

## 2025 年 1 月 16 日

- 前立委郭正亮於網路節目《下班瀚你聊》上分析，國民黨在罷免潮中真正面臨風險者僅新北市葉元之，認為其他如傅崐萁、羅智強、賴士葆的罷免皆難以成案。反而是民進黨內部分裂，比較危險。

## 2025 年 1 月 17 日

- 離島出版總編輯何欣潔於臉書上表示，尊重立法委員預算審查職權，但不同意陳玉珍刪減公視預算的理由；陳玉珍留言回應：「丟掉那隻要飯的碗」。
- 同日，民進黨教文委員會多位立委聯同導演陳世杰、王小棣等多位影視工作者，於立法院召開記者會，批評藍白陣營不當刪減影視預算，呼籲捍衛公共媒體與台灣影視文化。陳玉珍到場，並與陳世杰發生口角衝突。
- 民進黨新竹市黨部決議啟動罷免高虹安與鄭正鈐，並設立連署據點。

## 2025 年 1 月 20 日

- 美麗島電子報公布 1 月 15 至 17 日民調顯示，僅 17.8% 民眾支持大罷免，反對者則高達 72.1%。
- 羅智強公布新國會智庫的最新民調指出，僅 27.7% 支持柯建銘提出的罷免國民黨 41 席立委，反對者則達 61%。
- 傅崐萁前助理賴苡任與滿志剛、劉思吟、陳冠安等人組成「罷吳四騎士」，宣布啟動罷免民進黨立委吳思瑤與吳沛憶的第一階段連署。
- 網路上傳出立委徐巧芯針對「海鯤號」潛艦案發言，影片中徐巧芯表示「海上測試成功、驗收就有錢了啦，就怕你浮不起來啦，先浮起來再說，海鯤號先浮起來再講，浮起來就有錢了好不好！」

### 2025 年 1 月 21 日

- 立法院會三讀通過 2025 年中央政府總預算案。歲出由原先的 3 兆 1325 億元減列至 2 兆 9248 億元，刪減金額創新高。歲入則首度突破 3 兆，達 3 兆 1534 億元。

### 2025 年 1 月 22 日

- 聯電創辦人曹興誠聯合南社、台灣教授協會與其他公民團體，成立「反共護台志工聯盟」，發起全台罷免行動，並呼籲民進黨支持。

### 2025 年 1 月 23 日

- 國民黨不分區立委提名人丁瑀發出新聞稿表示，將發動罷免中正大同民進黨立委王世堅。

### 2025 年 1 月 24 日

- 民進黨立委許智傑設立「大罷免站」，正式提供民眾索取連署書。
- 台灣基進由南北黨公職聯合召開記者會，宣布全面支援大罷免運動，並公布全台友善店家據點。
- 逾 50 名藝術家發起「文化罷免行動」，以「藝術挺台灣、美學撐罷免」為主題，透過接力創作參與行動。
- 《菱傳媒》報導指出，國民黨完成「以罷止罷」戰略規畫，評估僅新北葉元之、台中羅廷瑋 2 席壓力較大，反而準備反制罷免民進黨 7 名立委，包括陳瑩、伍麗華、陳俊宇、李柏毅、吳思瑤、吳沛憶與張宏陸，並樂觀預估大罷免後席次有望單獨過半。

### 2025 年 2 月 1 日

- 第十一屆立委就職滿一年，根據《選罷法》規定，自即日起可將罷免提議書提交至中選會。

### 2025 年 2 月 2 日

- 「地動刪瑤」召集人賴苡任接受媒體訪問時表示，罷免吳思瑤的連署活動中，民眾踴躍，3000 份的空白連署書已全數發完，甚至出現收不了攤的狀況。

## 2025 年 2 月 3 日

- 全台罷免國民黨立委團體到中選會送交第一階段提議書，聯電創辦人曹興誠亦到場陪同。被提議罷免者包括國民黨立委王鴻薇、李彥秀、葉元之、牛煦庭、涂權吉、魯明哲、萬美玲、呂玉玲、邱若華、鄭正鈐、游顥、馬文君、顏寬恒、廖偉翔、黃健豪、羅廷瑋、丁學忠、黃建賓、傅崐萁，以及目前遭停職的新竹市長高虹安。
- 罷免團體至連鎖咖啡廳路易莎埔里酒廠門市外，收取罷免國民黨立委馬文君的連署書，店家上前勸離，要求禁止從事任何與政黨有關的政治活動。

## 2025 年 2 月 4 日

- 彰化縣民眾針對國民黨立委謝衣鳳發起「罷免缺衣不可」，由前明道大學校長陳世雄擔任領銜人。

## 2025 年 2 月 5 日

- 國民黨青年團送交吳沛憶一階連署書，分為兩隊，A 隊由青年團成員劉思吟擔任領銜人，曾任空軍副司令的張延廷則擔任備補領銜人。
- 參與罷免傅崐萁的民眾中，有人遭到花蓮戶政事務所的公務員登門訪查，詢問是否親自簽署提議書。對此，花蓮縣政府表示，實地查核造成觀感不佳，會檢討改進。

## 2025 年 2 月 6 日

- 國民黨青年團罷免吳沛憶之 B 隊，由李孝亮擔任領銜人送件。

## 2025 年 2 月 7 日

- 吳沛憶罷免連署案，因備案共同領銜人張延廷在吳沛憶選區設籍未滿 4 個月，不符資格，導致提議書遭中選會退件、不予受理。

## 2025 年 2 月 10 日

- 總統賴清德召集五院會商國政，希望團結國家、化解紛爭。立法院長韓國瑜當面籲停止大罷免，賴清德回應：「菩薩畏因、眾生畏果」。
- 12 個罷免國民黨立委團體赴中選會送件，包括林德福、張智倫、楊瓊瓔、洪孟楷、羅明才、羅智強、徐巧芯、賴士葆、廖先翔、徐欣瑩、林思銘、江啟臣。曹興誠當場宣布將擔任「剷除黑芯」領銜人。

- 作家楊双子在臉書發表台灣文學作家連署聲明，共同領銜人包含楊双子、陳思宏、朱宥勳、馬世芳等，共計 201 人參與連署，並共同發聲：「2025 主張罷免不適任立委，是我們的義務。」
- 媒體人陳鳳馨在節目《少康戰情室》中表示，從數字來計算，民進黨勢必在這場大罷免中得不償失，民進黨最好的狀況是沒有損失，但損失的機率非常高。

## 2025 年 2 月 11 日

- 立法院通過《選罷法》修法，加嚴連署條件及偽造罰則。立委翁曉玲於立法院發言時表示：「我在這裡要警告那些打算大抄、特抄連署造假的罷免團體，不要以為偽造連署會沒有事。這次通過的選罷法 98 條之二，已經增加了偽造連署的罰則，未來只要有連署假冒的相關的人士，都會處罰五年以下的有期徒刑，拘役和併科一百萬元以下的罰金……這次修選罷法最重要的目的，就是要防止過往的假連署、死人連署、抄錄名冊等等這些弊端。」
- 民眾黨立法委員張啟楷在《少康戰情室》中表示，「怎麼算，國民黨都只有葉元之比較危險」，反而是民進黨有可能「引火自焚」，他預言大罷免藍綠最後將形成一比七的態勢。

## 2025 年 2 月 12 日

- 《美麗島》電子報董事長吳子嘉在節目《董事長開講》預言，民進黨在罷免潮中恐丟 3 席。

## 2025 年 2 月 13 日

- 國民黨宣布停止推動對民進黨立法委員王世堅的罷免案。
- 苗栗第 1 與第 2 選區罷免團體今天前往中央選舉委員會，遞送罷免選區立委提議連署書。高齡 90 歲作家李喬發表聲明表示，出任苗栗第 2 選區國民黨立委邱鎮軍罷免案的領銜人，「台灣有難，我選擇站出來」。

## 2025 年 2 月 17 日

- 資深媒體人謝寒冰於網路節目《有哏來爆》節目中，爆料聯電創辦人曹興誠在 2015 年外遇中國籍女子的一系列不雅照，引發外界熱議。

## 2025 年 2 月 18 日

- 基隆市國民黨立委林沛祥罷免連署案第一階段送件。
- 國民黨基隆市黨部送出罷免民進黨基隆市議員張之豪、鄭文婷提案 。

## 2025 年 2 月 19 日

- 公民團體「滿城封宇」於此日將民進黨宜蘭縣立委陳俊宇的罷免提議書送交中央選舉委員會。
- 由翁明志領銜的「珍礙金門」團隊表示，由於未能收集足夠提議書（差約 73 份），終止罷免金門立委陳玉珍之行動。
- 立法院院長韓國瑜照程序送出 2025 年度中央政府總預算案審查總報告。

## 2025 年 2 月 20 日

- 新修正《公職人員選舉罷免法》生效，規定此後罷免連署需附身分證影本。
- 傅崐萁稱病請假朝野協商，卻被人爆出率團赴港參加香港觀光博覽會。
- 台灣民意基金會董事長游盈隆於臉書表示，罷免第二階段最多只能有 5 到 6 名通過，稱之為小罷免還勉強可以，大罷免則很勉強。

## 2025 年 2 月 24 日

- 《美麗島》電子報公布最新民調，56.8% 的民眾認為大罷免「弊大於利」，32.2% 的民眾認為「利大於弊」。

## 2025 年 2 月 25 日

- 「2025 大罷免人權律師團」舉行記者會，宣告成立，成立目標為保障參與罷免的民眾、相關團體在行使公民權利時，不會受任何形式的打壓、迫害與威脅。

## 2025 年 2 月 27 日

- 中選會公布各地罷免第一階段連署審查結果，共有 19 件立委罷免案、1 件市縣長罷免案、2 件市縣議員罷免案進入二階連署；另有 9 件立委罷免案未達門檻，皆為民進黨立委。

## 2025 年 2 月 28 日

- 媒體人趙少康在臉書上表示，9 件罷免連署失敗均為民進黨立委，「沒看過戰力這麼弱的在野黨」，如果接下來不能腳踏實地收集連署書，「會被民進黨笑死。」

## 2025 年 3 月 2 日

- 「反共護台志工聯盟」及各區罷免團體宣布全面啟動第二階段連署。
- 國民黨花蓮縣黨部舉行問政說明會暨植樹節活動，退休老師葉春蓮嗆聲台上的傅崐萁「通匪」，結果遭到當場架走，現場畫面曝光後引起社會熱議。

## 2025 年 3 月 3 日

- 中選會公布各地第二波第一階段連署審查結果，新增 13 件立委罷免案一階過關，另 3 件未達門檻。通過者皆為國民黨立委，未通過者為 3 名民進黨立委，形成國民黨 32 案對民進黨 0 案的局面。
- 國民黨副發言人楊智伃於記者會公開「山除薇害」罷免王鴻薇志工阿美之個人資料，指控該團體涉嫌誘導違法募款。對此，罷免團體認為國民黨侵害公民隱私權，發起「# 我們都是阿美」運動。

## 2025 年 3 月 4 日

- 罷免民進黨立委吳沛憶團體「憶事吳成」，於萬華區國光市場設連署站，趙少康及前台北市長郝龍斌、國民黨立委賴士葆、謝龍介，台北市議員鍾沛君、楊植斗、鍾小平等人到場站台。
- 前國民黨立委鄭麗文於網路政論節目「大新聞大爆卦」中，批評國民黨爛泥扶不上牆；媒體人黃揚明則質疑，國民黨一年有 2 億多政黨補助金，不能裝可憐；同台的國民黨發言人楊智伃在節目中委屈落淚。

## 2025 年 3 月 5 日

- 國民黨立委葉元之遭媒體人吳崑玉爆料於職場霸凌助理。

## 2025 年 3 月 8 日

- 曹興誠至花蓮拜訪葉春蓮，葉春蓮將罷免傅崐萁的連署書交給曹興誠。

## 2025 年 3 月 10 日

- 趙少康於《少康戰情室》預言大罷免的最終比數可能是「35：5」，沒幾個民進黨立委會通過二階。

## 2025 年 3 月 12 日

- 台北市與新北市共 11 個罷免團體赴中選會領表，並舉行記者會，宣布為期 60 天的第二階段連署將於隔日正式開始。
- 國民黨舉辦總理孫中山逝世 100 週年紀念活動，黨主席朱立倫至國父紀念館出席活動時，遭藍營民眾怒嗆下台。

## 2025 年 3 月 12 日

- 醫界接力，學醫界共 6000 人具名連署，於立法院召開「學界醫界罷免傅崐萁們　全國 6000 教師醫師連署記者會」，呼籲台灣公民，若曾感謝老師或醫生，把這份感激化成行動，罷免不適任立委，起身療癒這個不健康的立法院。

## 2025 年 3 月 13 日

- 總統賴清德召開國家安全高層會議，並於針對台灣所面對的國安威脅，提出十七項策略。
- 導演楊力州等發起「Taiwan Action」計畫，聯合影視工作者，用影像傳遞罷免理念。
- 醫師沈政男在臉書預言，大罷免是藍白對決綠營，藍營雖有危機感，但從大局看，可能一個藍委都罷不掉。

## 2025 年 3 月 14 日

- 約 250 位僧人與 5000 位佛弟子，具名連署，罷免立法院不適任立委。由梵因法師與曹興誠居士，於立法院召開「千佛弟子護國護法　捍衛台灣民主自由記者會」，主張人間佛教應還有一種慈悲，就是證峰法師所言的：「體解如來無畏法，願同弱少鬥強權。」修行人在國家有難的時候，要勇於對抗強權與不公義。

## 2025 年 3 月 15 日

- 民進黨開始舉辦「人民是頭家」政策宣講，首場於台中舉辦。
- 前駐日代表謝長廷表示，大罷免是「惡的循環」，民主政治應該互相妥協。

## 2025 年 3 月 17 日

- 國民黨主席朱立倫前往立法院，並召開記者會，宣布國民黨將推動「反廢死、反戒嚴」兩項公投，並藉由兩大公投「還命於民、還權於民」。
- 曹興誠與網紅八炯及民進黨桃園市議員黃瓊慧、高雄市議員黃文益、高雄市議員鄭孟洳、新北市議員黃淑君、新北市議員李宇翔、基隆市議員鄭文婷等人，在台大校友會館舉行「『勇敢 TEAM 你』罷免服務站」成立記者會，宣示民進黨公職服務處將轉型，成為代收全台罷免連署書及法律服務的據點。

## 2025 年 3 月 18 日

- TVBS 公布民調，若對台北市立委吳沛憶發動罷免，有投票意願的民眾中 53% 表示支持罷免，高於反對的 35%；但整體僅有 45% 表示會投票，顯示罷免通過機會有限。針對徐巧芯的罷免案，57% 的有意投票者支持，高於反對的 37%，推估支持票數占選區總體選民 36%，已超過罷免門檻。

## 2025 年 3 月 19 日

- 民進黨祕書長林右昌召開記者會，宣布自即日起，全國各地黨部及黨籍公職服務處全面開放，協助代收罷免連署書。

## 2025 年 3 月 20 日

- 國民黨主席朱立倫啟動「下鄉政策宣講」，結合戰鬥藍立委、縣市長與地方民代，展開「反惡罷」行動。

## 2025 年 3 月 22 日

- 「反共護台志工聯盟」舉辦記者會，包括曹興誠、葉春蓮、李喬等人同台，並喊出「罷免國民黨立委就是罷免傅崐萁」的口號。

## 2025 年 3 月 25 日

- 中國籍配偶、網紅亞亞（劉振亞）因涉嫌發表武統言論，影響居留資格，晚間自台北松山機場離台，掀起國安與言論自由之爭。

## 2025 年 3 月 26 日

- 民進黨祕書長林右昌表示，將擴大舉辦「人民是頭家」，在全台各縣市遍地開花，加開 300 場。

## 2025 年 3 月 27 日

- 國民黨與民眾黨聯手於鳳山五甲龍成宮推出政策說明會。
- 罷免吳沛憶團體領銜人李孝亮的母親，出面控訴李孝亮擔任領銜人是被國民黨高層施壓。李本人否認。

## 2025 年 3 月 29 日

- 國民黨啟動「青年上街反惡罷護民主」宣講。

## 2025 年 4 月 1 日

- 中共解放軍展開連續兩日，代號為「海峽雷霆—2025A」的環台軍事演練。
- 台北罷團發起發行《四能報》，由曹興誠擔任榮譽發行人、馮光遠擔任總主筆，創刊號 9 萬份。
- 「退役將領挺身反共護台——大路跑大縱走」記者會上午於台大校友會館舉行，退役將領丘衛邦、徐柏岳、余宗基等人出席，呼籲民眾支持反共護台活動。

## 2025 年 4 月 2 日

- 花蓮縣議會議長張峻在地方大報《更生日報》頭版刊登支持罷免傅崐萁廣告。
- 台灣文學作家連署小組舉行記者會，高喊「筆桿接力罷免到底」，發起人楊双子、作家李昂等均出席發言。

## 2025 年 4 月 10 日

- 政大學生圖書館前出現罷免連署站，校方表示校園應保持中立。

## 2025 年 4 月 12 日

- 花蓮傅崐萁罷免案傳出超過 4 千份連署書因格式錯誤，必須重簽。

## 2025 年 4 月 14 日

- 台灣民意基金會今公布罷免相關最新民調，結果顯示，不贊成高達 59.3%、贊成只有 33.8%。
- 北檢搜索因連署偽造嫌疑，約談罷免吳沛憶案的領銜人李孝亮、罷免吳思瑤案領銜人張克晉，以及「罷吳四騎士」成員賴苡任、滿志剛、劉思吟、陳冠安等 6 人，複訊後諭令李孝亮 30 萬交保，其餘 5 人為 20 萬至 50 萬元交保。
- 國民黨立委王鴻薇、羅智強、李彥秀與徐巧芯前往北檢聲援國民黨青年團成員。

## 2025 年 4 月 15 日

- 立委李坤城罷免案領銜人宋建樑，因涉不實連署遭到移送北檢複訊，出現時被發現佩戴納粹臂章與做出納粹敬禮，引發輿論譁然。國民黨中央亦發表譴責。

## 2025 年 4 月 16 日

- 罷免民進黨嘉義市立委王美惠、嘉義縣立委陳冠廷第一階段提議連署，份數未達門檻，且涉及死亡連署，兩案領銜人皆不補件而未成案。
- 民進黨前立委林濁水預言，北市藍營立委恐在大罷免中全滅，估計全台藍委會有破十席被罷掉。
- TVBS 公布最新民調，支持罷免國民黨立委為 28%，略減 3 個百分點；支持罷免民進黨立委為 32%，則略增 2 個百分點。不支持大罷免的民眾，仍高於支持者。
- 徐巧芯表示，國民黨「群龍無首的狀態，不能一直下去」。

## 2025 年 4 月 17 日

- 國民黨主席朱立倫發出動員令，號召黨公職與支持者 4 月 26 日齊聚台北凱道，參加主題為「戰獨裁」的大型集會。
- 台北地檢署偵辦不實罷免提議書案，檢察官認定國民黨市黨部主委黃呂錦茹等人、涉犯偽造文書等罪嫌疑重大，且有勾串、滅證之虞，向法院聲押禁見。
- 台北市長蔣萬安前往北檢前聲援黃呂錦茹，並拋出倒閣主張。

## 2025 年 4 月 18 日

- 罷免民進黨立委黃捷和許智傑的「高雄雙罷劫」團體，負責人徐尚賢遭檢警帶回訊問後，坦承罷免提議人名冊上的簽名都是他和志工代簽，因為涉嫌偽造文書，遭到羈押禁見。

## 2025 年 4 月 19 日

- 網紅八炯號召的「拒絕統戰，守護台灣」大會於凱達格蘭大道舉行。多位民進黨立委、聯電創辦人曹興誠及多名網紅出席。
- 前總統陳水扁受凱達格蘭學校邀請，以「台灣民主的韌性與轉型」發表公開演講，演講中提及「擔任總統就是要包容、尊重不同意見，清算在野絕對不是好辦法」。

## 2025 年 4 月 22 日

- 「把民主還給台灣：在野領袖峰會」登場，國民黨主席朱立倫與民眾黨主席黃國昌會面。
- 台派聯盟代表與部分退休將領舉行記者會，宣示將共同啟動八場大會談，支持大罷免，捍衛國會清明。

## 2025 年 4 月 25 日

- 台北地方法院再開羈押庭，認定黃呂錦茹有勾串、滅證之虞，裁定羈押禁見。成為大罷免浪成潮中首位遭羈押的政壇人士。

## 2025 年 4 月 26 日

- 國民黨於凱達格蘭大道舉辦「反惡罷戰獨裁」街講活動，台北市長蔣萬安帶領國民黨籍立法委員上台高呼口號。
- 藍營群眾約 500 人，一度推倒拒馬闖入北檢管制區。

## 2025 年 4 月 27 日

- 朱立倫重申，將在 5 月 20 日以後，推動對賴清德總統等人的罷免。

## 2025 年 4 月 28 日

- 基隆地檢署為調查涉嫌罷免不實、偽造文書案，持搜索票前往國民黨基隆市黨部以及 2 名罷免案領銜人住處，帶回基隆市黨部主委吳國勝、祕書長李銘議等 4 名幹部接受調查。

## 2025 年 4 月 30 日

- 《遠見》雜誌發表民調，結果顯示民眾對大罷免行動，有 45.9%表示不贊成，贊成比例則占 40.0%；對於倒閣，有 50.9%表示不贊成，贊成的比例占 32.6%。

## 2025 年 5 月 1 日

- 罷免吳思瑤的提案領銜人張克晉聲明退出領銜人身分 。中選會說明，罷免案更換領銜人須經 1/2 以上提議人書面同意，且僅限一次。
- 罷免桃園市第 2 選區國民黨籍立委涂權吉團體，將第二階段之 4 萬 1337 份連署書送交桃園市選委會。
- 台東縣立委黃建賓的罷團「台東挫賓」將第二階段之連署書送交台東縣選委會。

## 2025 年 5 月 2 日

- 罷免傅崐萁團隊將第二階段連署書 3 萬 2777 張，送交花蓮縣選委會。
- 台中地檢署發布新聞稿指出，接獲中選會告發，針對台中立委蔡其昌、何欣純、顏寬恒、黃健豪、廖偉翔等罷免案涉嫌不法情資（如幽靈連署、死亡連署）進行搜索與約談 。

## 2025 年 5 月 4 日

- 新竹市市長高虹安罷免案第二階段連署截止並已送件，共遞交 5 萬 1419 份連署書，超越門檻 3 萬 5075 份 。
- 南投第一選區罷免馬文君團體「All 罷馬」二階連署送件，共造冊送出 2 萬 748 份連署書至南投縣選委會。

## 2025 年 5 月 5 日

- 台中市四個針對國民黨立委的罷免團體完成第二階段連署書送件，包含廖偉翔、黃健豪、羅廷瑋與江啟臣。

- 桃園第一選區罷免牛煦庭案，第二階段送交 4 萬 8788 份連署書，超過門檻 3 萬 3956 份。
- 新北第七選區罷免葉元之案，則遞交 3 萬 2236 份，超過門檻 2 萬 3313 份。

## 2025 年 5 月 6 日

- 針對台北市第四選區國民黨立委李彥秀的罷免案，第二階段連署書送件共達 4 萬 5183 份，已超過門檻 3 萬 1809 份。
- 雲林罷免團體「雲林拔釘」針對雲林第一選區立委丁學忠遞交第二階段連署書 3 萬 8087 份，正式進入審核階段。

## 2025 年 5 月 7 日

- 針對台北市第六選區國民黨立委羅智強的罷免案，第二階段連署書共送交 3 萬 6398 份，遠超法定門檻 2 萬 3313 份，進入審核程序。
- 國民黨主席朱立倫於中常會中發言，批評總統賴清德以司法手段打壓在野黨，並將其行為比擬為二戰時期的法西斯獨裁者。德國在台協會晚間發表聲明，對朱立倫的言論表達失望與憂慮，強調將納粹暴行與台灣當前政局相提並論令人不安，並重申對歷史的嚴肅態度與不容扭曲的立場。

## 2025 年 5 月 8 日

- 多起針對國民黨立委的罷免案進入第二階段連署書送件：台北市第三選區王鴻薇案送件 4 萬 5818 份，第七選區徐巧芯案送件 4 萬 1201 份，第八選區賴士葆案送件 3 萬 4040 份；新北市第一選區洪孟楷案送件高達 5 萬 4888 份，新北市第十二選區立委廖先翔的罷免案亦送交 3 萬 6544 份。新竹縣第二選區罷免立委林思銘的團隊「撕除惡銘」亦完成第二階段送件，共提交 2 萬 6414 份連署書。

## 2025 年 5 月 9 日

- 罷免新竹縣第一選區立委徐欣瑩的團隊「除舊汰欣」二階連署送件，遞交超過 2 萬 2000 份連署書，經新竹縣選委會清點，最終份數為 1 萬 9521 份，未達法定門檻 2 萬 1527 份，罷免案宣告不成立。
- 罷免國民黨立委羅明才的「拔羅波」團隊，將共計 3 萬 4076 份第二階段罷免連署書送交新北市選委會。

- 國民黨不分區立委葛如鈞於網路節目聲稱，推動罷免藍委的團體志工「據說日薪2000元」、「一個月全職有8萬元」等，引發議論。

## 2025年5月11日

- 基隆市立委林沛祥於政論節目《週末大爆卦》表示，他一直認為「罷團是社會邊緣人的集合體，因為這些社會邊緣人需要人家的關懷，需要有些他們繼續撐下去的價值和信仰，所以他們聚集在一起。」

## 2025年5月12日

- 憲法法庭針對民進黨立院黨團聲請的《憲法訴訟法》釋憲案舉行說明會，柯建銘與黃國昌皆出席陳述意見。
- 罷免苗栗立委陳超明、邱鎮軍二階連署提議截止收件，分別有1萬8818人、2萬0918人連署，皆未跨過二階連署門檻。
- 對苗栗罷免案結果，作家李喬發出聲明：「……挫折無法阻止我們前進的腳步，這不是失敗的終點，而是苗栗蛻變的起點，守護台灣的這條路還在延續，未來請大家持續支持罷免行動、反抗惡質立委。」
- 新北市立委第8、9選區張智倫、林德福罷免二階連署送件，經清點後，罷免張智倫3萬6140份、林德福2萬9742份連署書。新北6名藍委二階皆完成送件。

## 2025年5月13日

- 罷免國民黨彰化縣立委謝衣鳯之「缺衣不可」團隊承認連署失利，沒跨過二階門檻。
- 《鏡週刊》報導，桃園市第一選區罷免團體，因金流、主導權等問題，內部產生爭議。領銜人陳曉煒對外回應時否認。

## 2025年5月14日

- 花蓮地檢署認為，花蓮縣民政處長明良臻等3名官員，因涉嫌要求戶政人員登門查對罷免連署者資料，違反個人資料保護法，依違反個資法罪嫌提起公訴。
- 立委吳沛憶罷免案領銜人李孝亮在受訪時表示，「這場罷免戰不該只是地方自救，應該是整個黨的總體戰。我已經用盡辦法了，但主席到現在都沒回應。」

## 2025 年 5 月 15 日

- 民進黨立院黨團向憲法法庭遞狀，對今年度總預算案與《財劃法》聲請釋憲 。

## 2025 年 5 月 16 日

- 罷免新北市議員陳乃瑜行動團隊在臉書發表聲明，為了新店的和諧與未來，即刻停止罷免連署行動。

## 2025 年 5 月 17 日

- 總統賴清德網路節目《敏迪選讀》訪談時表示表示，民主問題應以更大的民主解決，方式包括憲政體制與罷免 。
- 行政院長卓榮泰舉行就職一週年媒體茶敘。
- 國民黨主席朱立倫出席「反惡罷戰獨裁」街講活動，為王鴻薇站台。
- 桃園第三選區罷免國民黨立委魯明哲公民團體傳出內訌。

## 2025 年 5 月 18 日

- 台灣民眾黨於台中水安宮舉辦「518 退貨ㄌㄨㄚˋ！賴清德執政週年｜全民退貨行動」，黨主席黃國昌率全黨立委，與三名遭提罷免的國民黨立委，共同呼籲民眾大罷免第三階段投票時投不同意。

## 2025 年 5 月 19 日

- 中選會宣告南投縣議員陳玉鈴罷免案成立，並將於 7 月 13 日舉行投票；同一時間，陳玉鈴控告領銜人涉偽造文書 。
- 《聯合報》發布民調，贊成大罷免的民眾由三月中的四成三降至三成七，反對大罷免立委者則由四成七上升到五成一。
- 台灣民意基金會發布最新民調，針對大罷免有 36.7% 受訪民眾贊成、54.2% 不贊成，與上個月相比，贊成上升 2.9 個百分點，不贊成者下滑 5.1 個百分點。

## 2025 年 5 月 20 日

- 總統賴清德就職一週年，在總統府發表執政週年「迎風轉型、穩健前行」談話，涵蓋「民主台灣、韌性精神、訴求團結」3 元素。
- 立法院會表決通過，決定本會期延會到 7 月 31 日。

## 2025 年 5 月 23 日

- 罷免基隆國民黨立委林沛祥之團體「基隆絕沛」領銜人陳青逸，在全國各罷團的陪同下，向基隆市選委會送交第二階段連署書，送件總數量為 3 萬 7533 份，跨過法定門檻 3 萬 394 份。
- 為因應立法院於總預算案中，要求政院自行刪減 636 億元預算，行政院決定統刪對地方的一般性補助款 25%。消息發布，引發地方政府反彈。
- 中選會決議，「反廢死」公投因不符《公投法》規定而無法辦理投票，「核三重啟」公投則將於 8 月 23 日進行投票。

## 2025 年 5 月 31 日

- 中選會宣布罷免立委陳瑩、伍麗華的二階連署書皆未送件，依法不予受理。
- 南投縣立委馬文君於臉書表示：「最近看到四處強勢擺攤的景象，標語滿街流竄；突然又想起福壽螺，這種異地入侵的外來生物，危害台灣農業和生態，至今依然未能解脫，在投入大量的人力金錢防治下，不禁讓人感嘆，一場巨災的發生，竟然起於人們的貪婪與無知，讓外來物種入侵，引發浩劫。」被認為是暗指罷免團體。
- 立委翁曉玲與李孝亮共同出席 YouTube「歷史哥 HistoryBro」頻道直播時表示，在罷免吳沛憶的連署行動中，「有些議員根本聽說就沒有送件」。

## 2025 年 6 月 3 日

- 罷免民進黨基隆市議員鄭文婷、張之豪案，第二階段連署期限截止，領銜人並未送件，罷免案不成立。

## 2025 年 6 月 5 日

- 新增新北市立委蘇巧慧、吳琪銘、台中市立委蔡其昌、何欣純四件罷免案未送件。
- 民進黨立委陳冠廷罷免案領銜人 77 歲徐姓男子，遭檢調搜索時表示，自己遭冒名使用，連提議書都沒摸到，就變成領銜人，妻子也被冒名擔任副領銜人。

## 2025 年 6 月 7 日

- 罷免民進黨立委吳思瑤團體送件，因領銜人張克晉未現身遭北市選委會退件，罷免案不成立。

- 罷免民進黨立委吳沛憶團體送件，但因連署書不足，宣告罷免失敗。
- 罷免民進黨立委張宏陸團體宣布，因二階連署書未達安全門檻，經過討論後決議不送件。

## 2025 年 6 月 9 日

- 前國民黨立委鄭麗文，與馬英九基金會執行長蕭旭岑、網紅「館長」陳之漢、前立委郭正亮、前行政院發言人孫立群、北一女教師區桂芝等人，發起成立「黨外在野大聯盟」，並舉辦成立大會。

## 2025 年 6 月 10 日

- 網紅「館長」陳之漢自稱要當兩岸和平大使，啟程前往中國自由行。

## 2025 年 6 月 11 日

- 國民黨主席朱立倫提出「愛國者行動」，呼籲選民投下不同意罷免票。
- 國民黨台南市黨部主委的立委謝龍介宣布，罷免台南市綠委林俊憲、王定宇連署案，因數量不足，將不送件。
- 《美麗島》電子報董事長吳子嘉在節目《董事長開講》中，預言大罷免成功數量最終會在 5 席之下。

## 2025 年 6 月 12 日

- 反共護台志工聯盟創辦人曹興誠與總統賴清德會面，對總統說明最新情勢，以及罷團未來規畫，並表達期待民進黨與人民並肩作戰。

## 2025 年 6 月 13 日

- 罷免民進黨高雄市立委許智傑、黃捷的「雙罷劫總部」宣布，因第二階段連署書不足，將不送件。

## 2025 年 6 月 15 日

- 中國舉辦海峽論壇，台灣僅有前總統馬英九代表出席，成為論壇舉辦 17 年來，首度出現藍營縣市首長全部缺席的情況。

## 2025 年 6 月 18 日

- 民進黨祕書長林右昌召開「與公民同行　罷免文宣三箭」記者會，宣佈黨公職全力支援罷免，並以「罷免投同意、反共更有力」為共同目標與訴求。

## 2025 年 6 月 20 日

- 中央選舉委員會公告，國民黨立委罷免案共 24 案成案，因涉貪遭停職的新竹市長高虹安罷免案亦成案。同日並公告首波罷免案將於 7/26 進行投開票。

## 2025 年 6 月 27 日

- 國民黨和民眾黨挾席次優勢，強行將《法院組織法》修正案與《不在籍投票法》草案逕付二讀，引發妨害國家安全、個人隱私以及境敵對外勢力介選等爭議，再度引起社會議論。

## 2025 年 6 月 28 日

- 民進黨召開全國黨代表大會，總統兼任民進黨主席賴清德批評在野杯葛國防預算及國安法制；並表示公民自主發起大罷免，民進黨必須與公民同行，一同承擔、守護國家。
- 中八選區罷團領銜人廖芝晏於臉書正式宣布「中八罷免江啟臣補件連署」，收件數量已達補件安全門檻。大罷免運動第二階段連署落幕，確定以 31:0 進入第三階段。

## 2025 年 7 月 2 日

- 中選會宣布，國民黨南投縣立法委員馬文君及游顥罷免案皆成立，並定於 8 月 23 日與核三重啟公投同日辦理投開票。

## 2025 年 7 月 26 日

- 第一波罷免案投開票日，選民投票通過，共 ____________ 名立委遭到罷免。

Civitas 共同體——001

# 台灣史上最大罷免

## 深度專訪 × 專家剖析 × 完整時序回顧，來自現場的聲音與見證

---


主　　　編　簡端良
責 任 編 輯　林家鵬
社長暨總編輯　涂豐恩
內 頁 排 版　賴維明
校　　　對　潘貞仁
封 面 設 計　賴維明
封 面 攝 影　吉吉富吉吉 double_lucky_、All 罷馬團隊

出　　　版　有理文化有限公司
發　　　行　遠足文化事業股份有限公司（讀書共和國出版集團）
地　　　址　新北市新店區民權路 108 之 4 號 5 樓
電　　　話　02-2218-1417
客 服 專 線　0800-221-029
信　　　箱　service@bookrepclub.com.tw
法 律 顧 問　華洋法律事務所 蘇文生律師
印　　　刷　博客斯彩藝有限公司
地　　　址　新北市中和區中板路 18 巷 3 弄 22 號 4 樓
電　　　話　02- 8245-6383

初 版 一 刷　2025 年 7 月
定　　　價　419 元
I S B N　978-626-99858-5-2

國家圖書館出版品預行編目資料

台灣史上最大罷免：深度專訪 x 專家剖析 x 完整時序回顧，來自現場的聲音與見證／簡端良 主編 -- 初版 . . -- 新北市：有理文化有限公司出版：遠足文化事業股份有限公司發行，2025.07
296 面；14.8 × 21 公分 . --（Civitas 共同體；1）
ISBN 978-626-99858-5-2（平裝）

1.CST: 社會運動 2.CST: 公民社會 3.CST: 民主政治 4.CST: 臺灣研究

541.45　　114009057